KIKUCHU

聴く中国語

中国大接近

理解を深めるリスニング

謝 辰 著

SANSHUSHA

はじめに

「耳で中国語をちゃんと聴き取りたい」

「中国の今を中国語の文章で学びたい」

「文章力をつけたい」

「中級から一歩進みたい」

と思われるあなたに、ぜひこの本を使ってみてほしいです。

本書は『聴く中国語』という中国語学習誌の特集コラム「中国大接近」から6つのテーマを選び、加筆しています。「ステレオタイプに見る面白い中国人」「中国若者の猫のしもべ生活」「中国各地の辛い料理」「世代別中国人の名前事情」「知られていない中国の古民家」「日中友好50年史」など、いろんな角度から今どきの中国・中国人を知ることができ、生き生きとした中国語を学ぶことができます。

独学者や教育現場でより利用しやすいように、本書は「聴き取るためのヒント＋新出単語」→「中国語本文」→「日本語訳文」→「学習のポイント」というページ配置にしています。また、雑誌掲載時の1つの文章を６～８つに分け、1回の授業もしくは独学の時間で、1つのパートを学習できるようにしています。

■おすすめの学習方法

①最初は、ヒントと単語を予習した上、本文を見ずに音だけ聞いてみま

しょう。意外と聴き取れない内容があるのに気付くので、そこを重点的に勉強し、「分からない・聴き取れない」を確実に「分かる・聴き取れる」ように変えましょう。

②「学習ポイント」にある例文と「本文」にある好きな文章を、繰り返し聞いて、読んで、自分のものにしましょう。覚えることで語学力を上達させましょう。

③新しい単語、フレーズ、表現を使って、作文の練習をしてみましょう。先生や中国人の友人がびっくりするほどの進歩が実感できるでしょう。

最後に、本書の出版を支えてくれた『聴く中国語』の顧問兼ナレーターの胡興智先生、翻訳の江端真澄様に心より感謝を申し上げます。『聴く中国語』は、日本で発行されているかなり稀な中国語中上級者向けの月刊学習雑誌で、毎月、時流に合った良質で豊富なコンテンツを読者にお届けしています。創刊21年来、特集「中国大接近」はずっと人気のあるコラムです。今回そのコンテンツを教材化し、学習者に提供することで、中国は面白い、表現はすぐ使える、長い文章は怖くなくなった、自分の中国ネタが増えた、と感じていただければ嬉しいです。

では、耳からの中国語学習旅を始めましょう！

2023年春　著者　謝辰

無料音声ダウンロード・ストリーミング 利用の方法

1 PC・スマートフォンで本書の音声ページにアクセスします。

https://www.sanshusha.co.jp/np/onsei/isbn/9784384060782/

2 シリアルコード「06078」を入力。

3 音声ダウンロード・ストリーミングをご利用いただけます。

目次

音声 ページ

目 次

目次

第1課

刻板印象中有趣的中国人

ステレオタイプに見る面白い中国人

1-1 刻板印象是什么?

ステレオタイプとは？

まず、聴いてみましょう！

ヒント1

"Kèbǎn yìnxiàng" shì shénme ?

"刻板印象" 是什么?

" 刻板印象 " とは何ですか？

ヒント2

"Kèbǎn yìnxiàng" shì zhèngquè de ma ? Tā yǒu shénme zuòyòng ?

"刻板印象" 是正确的吗? 它有什么作用?

" 刻板印象 " は正しい「印象」ですか？　どんな役割を果たしてくれますか？

ヒント3

Rénmen duì Dōngjīngrén hé Dàbǎnrén de kèbǎn yìnxiàng shì zěnmeyàng de ?

人们对东京人和大阪人的刻板印象是怎么样的?

東京の方と大阪の方のステレオタイプは？

単　語

刻板印象 kèbǎn yìnxiàng　ステレオタイプ
的确 díquè　確かに
大致 dàzhì　大体、大まかに
突出特征 tūchū tèzhēng　際立った特徴
不断 búduàn　絶えず
获得 huòdé　得る、獲得する
脑海中 nǎohǎi zhōng　頭の中

音声02

刻板印象是什么？

刻板《Kèbǎn》印象《yìnxiàng》就《jiù》像《xiàng》是《shì》一《yì》种《zhǒng》偏见《piānjiàn》，它《tā》是《shì》指《zhǐ》对《duì》某《mǒu》个《ge》人《rén》或《huò》某《mǒu》一《yí》类《lèi》人《rén》的《de》固有《gùyǒu》看法《kànfǎ》。例如《Lìrú》：中国人《Zhōngguórén》过年《guònián》要《yào》吃《chī》饺子《jiǎozi》，日本人《Rìběnrén》过年《guònián》要《yào》吃《chī》荞麦《qiáomài》面《miàn》；东京人《Dōngjīngrén》对《duì》流行《liúxíng》事物《shìwù》很《hěn》敏感《mǐngǎn》、大阪人《Dàbǎnrén》对《duì》人《rén》很《hěn》热情《rèqíng》等等《děngděng》。这些《Zhèxiē》典型《diǎnxíng》的《de》刻板《kèbǎn》印象《yìnxiàng》虽然《suīrán》不《bù》一定《yídìng》是《shì》对《duì》的《de》，但《dàn》**的确《díquè》**可以《kěyǐ》给《gěi》我们《wǒmen》展示《zhǎnshì》一《yí》个《ge》简单《jiǎndān》、明快《míngkuài》的《de》“印象《yìnxiàng》”，让《ràng》我们《wǒmen》能够《nénggòu》大致《dàzhì》了解《liǎojiě》一《yí》个《ge》人群《rénqún》的《de》突出《tūchū》特征《tèzhēng》。然后《Ránhòu》，我们《wǒmen》可以《kěyǐ》通过《tōngguò》**不断《búduàn》**修正《xiūzhèng》刻板《kèbǎn》印象《yìnxiàng》，来《lái》获得《huòdé》更《gèng》准确《zhǔnquè》的《de》认识《rènshi》。下面《Xiàmiàn》，我们《wǒmen》就《jiù》来《lái》一起《yìqǐ》看看《kànkan》，中国人《Zhōngguórén》脑海《nǎohǎi》中《zhōng》的《de》对《duì》各地《gèdì》中国人《Zhōngguórén》的《de》刻板《kèbǎn》**印象《yìnxiàng》**吧《ba》。

ステレオタイプとは？

ステレオタイプというのは一種の偏見のようなもので、ある人またはある集団の人たちに対する固定的な捉え方を指します。例えば、「中国人は年越しに必ず餃子を食べる」「日本人は年越しに必ずそばを食べる」「東京の人は流行に敏感で、大阪の人は親切」などがそうです。こうした典型的なステレオタイプは必ずしも正しいとは言えませんが、確かに単純かつ明快な「イメージ」が浮かび、ある集団の際立った特徴を大まかにつかむことはできます。その後、絶えずステレオタイプを修正することで、より正しい認識を得ていくのです。これから、中国人の考える各地方の中国人のステレオタイプを一緒に見てみましょう。

音声03

学習ポイント

1 ▶的确　[副詞] 確かに、確実に (強調のニュアンスがある)

Wǒ zhè zhōu díquè hěn máng，méi piàn nǐ.
我这周的确很忙，没骗你。
今週は本当に忙しいんだ、嘘じゃない。

Fēijī díquè wǎndiǎn le，tā bú shì gùyì chídào de.
飞机的确晚点了，他不是故意迟到的。
飛行機が本当に遅れたんだ。彼はわざと遅刻したわけではないんだ。

2 ▶不断 (地)　[副詞] 絶えずに〜、ずっと〜

Búduàn xuéxí，cáinéng búduàn jìnbù.
不断学习，才能不断进步。
絶えず勉強しないと、進歩し続けることはできない。

Chuántǒng gōngyì yě xūyào búduàn géxīn.
传统工艺也需要不断革新。 伝統工芸も革新を続けなければならない。

Tā búduàn de huàn nǚyǒu，zǒngshi dìngbuxiàlái.
他不断地换女友，总是定不下来。
彼は絶えずカノジョを換えていて、ずっと一途にならない。

3 ▶印象中　給人…印象　对…的印象是…
　印象では　〜の印象を与える　〜に対する印象は〜だ

Yìnxiàng zhōng，tā shì ge píqi hěn hǎo de rén.
印象中，他是个脾气很好的人。
印象では、彼は性格のいい人だ。

Tā gěi rén yì zhǒng píqi hěn hǎo de yìnxiàng.
他给人一种脾气很好的印象。
彼は人に優しい印象を与えている。

Wǒ duì tā de yìnxiàng shì，tā shì yí ge píqi hěn hǎo de rén.
我对他的印象是，他是一个脾气很好的人。
私の彼に対する印象は、性格がいい人だ。

＊“印象是”の後に来る部分は独立した文章で、主語は略さない。

1-2 北京人和上海人

北京の人と上海の人

まず、聴いてみましょう！

ヒント1

Rénmen duì Běijīngrén de kèbǎn yìnxiàng shì shénmeyàng de ?

人们对北京人的刻板印象是什么样的?

北京の方はどんなイメージですか？

ヒント2

Shànghǎirén de yōudiǎn hé quēdiǎn shì shénme ?

上海人的优点和缺点是什么?

（イメージで）上海の方の良いところと悪いところは？

ヒント3

Yìnxiàng zhōng，Běijīngrén hé Shànghǎirén，shéi bǐjiào zhíjiē，shéi bǐjiào dīdiào ?

印象中，北京人和上海人，谁比较直接，谁比较低调?

イメージでは、北京の人と上海の人はどっちがストレートで、どっちが控えめですか？

単　語

被看作 bèi kànzuò　～とみなされる、～と捉える

相对来说 xiāngduì lái shuō　相対的に

直爽 zhíshuǎng　豪快だ、率直だ

口无遮拦 kǒu wú zhēlán　しゃべりだしたら何でも言う

贫嘴 pínzuǐ　おしゃべりだ、無駄口をたたく

吹牛 chuīniú　ほらを吹く、大口をたたく

脏话 zānghuà　下品な言葉、汚い言葉

仗义 zhàngyì　義理堅い、男気がある

管闲事 guǎn xiánshì　余計な世話を焼く

勤快 qínkuài　働き者だ、精を出す、まめだ

内敛 nèiliǎn　（感情などを）表に出さない、控えめだ

讲究 jiǎngjiu　こだわる

洋气 yángqì　あか抜けている、おしゃれだ

精打细算 jīngdǎ-xìsuàn　計算が細かい、綿密に計算する

刻薄 kèbó　思いやりがない、冷酷だ

排挤 páijǐ　のけ者にする、いじめる

北京人和上海人

北京人《Běijīngrén》和《hé》上海人《Shànghǎirén》，可以《kěyǐ》被《bèi》看作《kànzuò》是《shì》中国《Zhōngguó》北方人《běifāngrén》和《hé》南方人《nánfāngrén》的《de》代表《dàibiǎo》。相对来说《Xiāngduì lái shuō》，北京人《Běijīngrén》**看起来**《kànqǐlái》性格《xìnggé》更《gèng》直爽《zhíshuǎng》。他们《Tāmen》说话《shuōhuà》口无遮拦《kǒu wú zhēlán》，甚至《shènzhì》有点《yǒudiǎn》爱《ài》耍贫嘴《shuǎ pínzuǐ》、爱《ài》吹牛《chuīniú》，偶尔《ǒu'ěr》还《hái》会《huì》说说《shuōshuo》脏话《zānghuà》。不过《Búguò》他们《tāmen》做人《zuò rén》十分《shífēn》仗义《zhàngyì》，爱《ài》管闲事《guǎn xiánshì》。工作《Gōngzuò》不一定《bù yídìng》多么《duóme》勤快《qínkuài》，但《dàn》对《duì》谁《shéi》都《dōu》挺《tǐng》热情《rèqíng》。

而《Ér》上海人《Shànghǎirén》就《jiù》显得《xiǎnde》内敛《nèiliǎn》得《de》多《duō》。他们《Tāmen》不论《búlùn》男女《nánnǚ》好像《hǎoxiàng》都《dōu》很《hěn》**爱**《ài》**时尚**《shíshàng》，讲究《jiǎngjiu》吃《chī》、穿《chuān》，让《ràng》人《rén》觉得《juéde》很《hěn》洋气《yángqì》。又《Yòu》因为《yīnwèi》善于《shànyú》精打细算《jīngdǎ-xìsuàn》，所以《suǒyǐ》有时《yǒushí》会《huì》给《gěi》人《rén》很《hěn》小气《xiǎoqì》、很《hěn》刻薄《kèbó》的《de》印象《yìnxiàng》。他们《Tāmen》的《de》高收入《gāoshōurù》和《hé》看起来《kànqǐlái》有点《yǒudiǎn》傲慢《àomàn》的《de》态度《tàidù》，也《yě》让《ràng》外地人《wàidìrén》觉得《juéde》颇《pō》受《shòu》排挤《páijǐ》。但《Dàn》上海《Shànghǎi》男人《nánrén》总是《zǒngshì》被《bèi》视为《shìwéi》又《yòu》会《huì》赚钱《zhuànqián》又《yòu》会《huì》做饭《zuòfàn》的《de》理想《lǐxiǎng》夫婿《fūxù》。

北京の人と上海の人

北京の人と上海の人は、中国の北方人と南方人、それぞれの代表とみなしていいでしょう。相対的に言うと、北京の人はより率直な性格のように見えます。彼らはしゃべりだしたら止まらず、無駄口をたたいたり、ほらを吹いたりすることも多く、時には汚い言葉だって使います。でも、ひととなりは非常に義理堅く、世話好きです。仕事ぶりはそれほど熱心というわけではありませんが、誰に対してもとても親切です。

一方、上海の人は北京の人より、感情を表に出すことが明らかに少ないようです。男女問わず流行が好きで、着る物や食べる物にこだわり、おしゃれなイメージがあります。また、計算高いところがあるため、時にケチで冷たいイメージを与えることもあります。収入の高さと一見傲慢な態度が、ほかの土地の人に疎外感を抱かせることもあります。ただ、上海の男性は、よく稼ぎ、料理も上手い、理想の夫と見られています。

音声06

学習ポイント

1 ▶看起来　見た感じは～、～ように見える、～みたいだ（推測）

Nǐ kànqǐlái bú xiàng (shì) Rìběnrén.
你看起来不像（是）日本人。あなたは日本人に見えない。

Kànqǐlái，tā hěn lèi.
看起来，他很累。彼は疲れているようだ。

Kànqǐlái，nǐ bù xǐhuan chī làde.
看起来，你不喜欢吃辣的。見た感じ、辛い物好きじゃなさそうだ。

＊同義語：看来、看上去、好像、似乎、仿佛、显得

2 ▶爱＋動詞

① (～するのが・～の状態が）好きだ

ài chàng gē、ài xuéxí
爱唱歌、爱学习　歌好き、勉強好き

② (多く悪い状況が）よく起こる、とかく～しがちだ。

Tā ài shēngbìng.
他爱生病。病気になりがち。

③ (悪い癖があり）とかく～したがる、よく～する。

ài chuīniú、ài shuǎ pínzuǐ、ài shuìjiào、 ài chǎojià
爱吹牛、爱耍贫嘴、爱睡觉、 爱吵架
よくホラを吹く、口数が多い、　いつも眠っている、ケンカしがち

ài shuōhuà、ài kū、ài guǎn xiánshì
爱说话、爱哭、爱管闲事
おしゃべり、泣き虫、いつも余計なお世話をする

3 ▶洋气　［形容詞］おしゃれ

Tā chuānde hěn yángqì.
她穿得很洋气。彼女の服とてもおしゃれ。［彼女はおしゃれに着こなしている。］

Zhè jiān cāntīng zhēn yángqì !
这间餐厅真洋气！このレストランは本当におしゃれだ。

Tā de míngzi hěn yángqì.
她的名字很洋气。彼女の名前おしゃれだな。

＊反義語：土 tǔ、土气 tǔqì（ダサい）

1-3 东北人和西北人

東北の人と西北の人

まず、聴いてみましょう！

ヒント1

Dōngběirén shénme bǐjiào lìhai ?

东北人什么比较厉害?

東北の方は、何がすごいのですか？

ヒント2

Xīnjiāngrén de wàibiǎo yǒu shénmeyàng de tèzhēng ?

新疆人的外表有什么样的特征?

新疆の方の見た目にはどんな特徴がありますか？

ヒント3

Nèiměnggǔrén gěi rén shénmeyàng de yìnxiàng ?

内蒙古人给人什么样的印象?

内モンゴルの方はどんな印象を持たれていますか？

単語

话痨 huàláo　話が止まらない人

实在 shízài　誠実である、実直である

拐弯抹角 guǎiwān-mòjiǎo　遠回しである、回りくどい

火爆 huǒbào　すぐかっとなる、気性が激しい

小品 xiǎopǐn　コント、短い出し物

深目高鼻 shēn mù gāo bí　彫りが深い、目鼻立ちがくっきりしている

能歌善舞 néng gē shàn wǔ　歌や踊りが上手い

大叔 dàshū　おじさん（中年男性の愛称）

留 liú　生やしている、生えている

大胡子 dà húzi　もじゃもじゃのひげ

难以接近 nányǐ jiējìn　近寄りがたい

晒 shài　太陽に晒す、日に焼ける

蒙古包 měnggǔbāo　モンゴル民族の移動式住居「パオ」

音声08

东北人和西北人

Shēnghuó zài Dōng sānshěng (Hēi、Jí、Liáo) de Dōngběirén, yìnxiàng
生活在东三省（黑、吉、辽）的东北人，印象
zhōng wǎngwǎng shì “jiǔliàng dà de huàláo”. Tāmen wéirén shízài、 rèqíng,
中往往是“酒量大的话痨”。他们为人实在 、热情，
gēn shénmerén dōu néng liáoshang liǎng jù；tāmen shuōhuà zhíjiē, bù xǐhuan guǎi-
跟什么人都能聊上两句；他们说话直接，不喜欢拐
wān-mòjiǎo；suǒyǐ xìnggé huǒbào de Dōngběirén, chǎo qǐ jià lái, hǎoxiàng
弯抹角；所以性格火爆的东北人，吵起架来，好像
zhēnde yǒu kěnéng dǎ rén；dàn tāmen yòu tèbié yōumò, hǎoxiàng rén rén dōu
真的有可能打人；但他们又特别幽默，好像人人都
huì biǎoyǎn xiǎopǐn.
会表演小品。

Ér shēnghuó zài Xīnjiāng、Nèiměnggǔ děng dì de Xīběirén, zé bèi shì-
而生活在新疆、内蒙古等地的西北人，则被视
wéi “zuì ài chī yángròuchuàn de rén”. Yìnxiàng zhōng, Xīnjiāng de qīngnián nánnǚ,
为“最爱吃羊肉串的人”。印象中，新疆的青年男女，
gègè dōu yǒu shēn mù gāo bí de měimào, gègè dōu néng gē shàn wǔ；dàn Xīn-
个个都有深目高鼻的美貌，个个都能歌善舞；但新
jiāng dàshū què hǎoxiàng gègè dōu liúzhe dà húzi, ràng rén juéde nányǐ jiē-
疆大叔却好像个个都留着大胡子，让人觉得难以接
jìn. Ér shēnghuó zài Nèiměnggǔ de rén, zé gěi rén yǐ pǔshí、 qínláo de
近。而生活在内蒙古的人，则给人以朴实、勤劳的
yìnxiàng, tāmen nà bèi shài de hónghóng de pífū, ràng rén juéde tāmen hǎo-
印象，他们那被晒得红红的皮肤，让人觉得他们好
xiàng zǒngshi zài cǎoyuán shang qízhe mǎ, bìngqiě zhù zài měnggǔbāo lǐ.
像总是在草原上骑着马，并且住在蒙古包里。

東北の人と西北の人

東北三省（黒龍江省、吉林省、遼寧省）に暮らす東北の人の一般的なイメージは、「飲んべえの話し好き」です。彼らは実直で親切で、誰とでも会話を交わします。物言いも率直で、回りくどいことは嫌いです。そのため、気性の激しい東北の人は、けんかになると本気の殴り合いに発展しそうな勢いで言い争います。ただ、彼らはとてもユーモアもあって、一人ひとりがコントを演じられそうなくらい面白いです。

一方、新疆や内モンゴルなどに暮らす西北の人は、「羊肉串（シシカバブ）大好き人間」と思われています。イメージの中の新疆の若い男女は、彫りの深い美形揃いで、誰もが歌って踊れます。しかし、オジサンになると長く濃いひげを生やしていて、近寄りがたいコワモテのイメージです。また、内モンゴルで暮らす人々は、素朴で働き者というイメージです。彼らの赤く日に焼けた肌は、草原を馬で駆け回り、パオ（ゲル）で暮らす姿を想像させます。

音声 09

学習ポイント

1 ▶上　[補語]
無意識にある状態になる、気付いたらそうなっていたことを表す

Tāmen gāng rènshi jiù liáoshang le.
他们刚认识就聊上了。 彼らは知り合ってすぐ話が盛り上がっている。

Chīzhe fàn, zěnme hái chàngshang le ?
吃着饭，怎么还唱上了？
ご飯を食べているのに、なぜ急に歌い始めたの？ [そんなにご機嫌？]

Nǐmenliǎ shénme shíhou hǎoshang de ?
你们俩什么时候好上的？
あなたたち、いつ付き合い始めたの？ [“好上” は “开始交往”（交際状態になる）の意。]

2 ▶動詞＋起＋目的語＋来
ある行動を始めると～、あるゾーンに入ると～

＊よく “一…就…” と一緒に使う。

Tā chǎo qǐ jià lái, yàngzi hěn xiōng.
他吵起架来，样子很凶。 彼はけんかになるとすごく怖い顔になる。

Wáng lǎoshī yí shàng qǐ kè lái, jiù hěn xīngfèn.
王老师一上起课来，就很兴奋。 王先生は授業を始めると、興奮する。

Tā yì tán qǐ gāngqín lái, jiù shénme dōu tīngbújiàn le.
她一弹起钢琴来，就什么都听不见了。
彼女はピアノを弾き出すと、ほかの何も聞こえなくなる。

3 ▶量詞の重ね形　个个 (など)　すべての、一つひとつの

＊よく “都” と一緒に使う。

Zhège bān de xuésheng, gègè dōu huì shuō Zhōngwén.
这个班的学生，个个都会说中文。
このクラスの学生は、みんな中国語をしゃべれる。

Zhè jiādiàn de cài, dàodào (dōu) hǎochī.
这家店的菜，道道（都）好吃。 この店の料理は、すべて美味しい。

Tiáotiáo dàlù tōng luómǎ.
条条大路通罗马。 すべての道はローマに通ず。

1-4 四川人和湖南人

四川省の人と湖南省の人

まず、聴いてみましょう！

ヒント1

Shuōdào Sìchuān, rénmen shǒuxiān huì xiǎngdào shénme ?

说到四川，人们首先会想到什么?

四川というと、何が思い浮かびますか？

ヒント2

Húnánrén gěi rén shénmeyàng de yìnxiàng ?

湖南人给人什么样的印象?

湖南省の方は人にどんな印象を与えますか？

ヒント3

Sìchuānrén hé Húnánrén xiāngxiàng de dìfang shì ?

四川人和湖南人相像的地方是?

四川省の方と湖南省の方の似ているところはどこですか？

単　語

麻辣 málà　麻辣（マーラー）、しびれ辛い

开朗 kāilǎng　明るく朗らかである

泼辣 pōlà　気が強い、ガラが悪い

闲散 xiánsǎn　暇な様子

安逸 ānyì　のんびりしている

严肃 yánsù　厳かである、まじめである

能手 néngshǒu　達人、名手、熟練者

毕竟 bìjìng　つまるところ、何と言っても

搞笑 gǎoxiào　お笑い、笑わせる

音声 11

四川人和湖南人

说到《Shuōdào》四川《Sìchuān》，我们《wǒmen》总是《zǒngshi》会《huì》**首先**《shǒuxiān》**想到**《xiǎngdào》美丽《měilì》的《de》川《chuān》妹子《mèizi》、可爱《kě'ài》的《de》大熊猫《dàxióngmāo》和《hé》红滚滚《hóng gǔngǔn》的《de》麻辣《málà》火锅《huǒguō》。四川人《Sìchuānrén》给《gěi》人《rén》的《de》印象《yìnxiàng》就是《jiùshì》爱《ài》美食《měishí》，爱《ài》吃《chī》辣《là》；他们《tāmen》性格《xìnggé》乐观《lèguān》、开朗《kāilǎng》，偶尔《ǒu'ěr》有些《yǒuxiē》泼辣《pōlà》；生活《shēnghuó》上《shang》闲散《xiánsǎn》安逸《ānyì》，喜欢《xǐhuan》喝《hē》茶《chá》、打《dǎ》麻将《májiàng》；方言《fāngyán》也《yě》一点儿《yìdiǎnr》都《dōu》不《bù》严肃《yánsù》，爱《ài》说《shuō》“耍《shuǎ》”，比如《bǐrú》：出去《Chūqù》耍《shuǎ》（出去玩《chūqù wán》）、耍《shuǎ》朋友《péngyou》（交《jiāo》男女《nánnǚ》朋友《péngyou》＝谈恋爱《tán liàn'ài》）。

而《Ér》不远处《bùyuǎnchù》的《de》湖南人《Húnánrén》也《yě》是《shì》吃《chī》辣《là》的《de》能手《néngshǒu》，他们《tāmen》所有《suǒyǒu》的《de》菜《cài》好像《hǎoxiàng》都《dōu》要《yào》放《fàng》辣椒《làjiāo》；性格《xìnggé》上《shang》，湖南人《Húnánrén》也《yě》给《gěi》人《rén》以《yǐ》快乐《kuàilè》、轻松《qīngsōng》、爱《ài》玩《wán》的《de》印象《yìnxiàng》，**毕竟**《bìjìng》，湖南《Húnán》也《yě》是《shì》各类《gèlèi》综艺《zōngyì》节目《jiémù》的《de》重镇《zhòngzhèn》。据说《Jùshuō》，湖南人《Húnánrén》最《zuì》常用《chángyòng》的《de》动词《dòngcí》是《shì》“搞《gǎo》”，比如《bǐrú》：搞《gǎo》游戏《yóuxì》、搞笑《gǎoxiào》、搞《gǎo》事情《shìqing》。

四川省の人と湖南省の人

四川と言えば、まず四川美女、かわいいパンダ、そして真っ赤に煮えたぎった麻辣火鍋を思い浮かべます。四川人のイメージは、グルメで辛い物好きです。性格は楽観的で明るく、時々ガラが悪い。生活はのんびり気楽で、お茶を好み、麻雀をします。方言も全く堅苦しくなく、「出去要」（遊びに行く）、「要朋友」（恋愛する）など「要」（遊ぶ、振り回す）をよく用います。

一方、ほど近い湖南省の人々も辛い物はお手の物です。湖南料理には、ほぼどれにも唐辛子が入っています。性格面では、楽しく気楽で遊び好きというイメージです。何と言っても、湖南はバラエティー番組の総本山です。聞くところによると、湖南人が最も使う動詞は、「搞游戏」（ゲームをする）、「搞笑」（笑わせる、面白い）、「搞事情」（コトを起こす、何かをしでかす）の「搞」（やる、するの意）だそうです。

＊テレビ局「湖南衛視」およびそのオンデマンド動画プラットフォーム「マンゴーTV」は、「快楽大本営」「天天向上」「乗風破浪的姐姐」「明星大偵探」「向往的生活」など、大人気のバラエティー番組をいくつも生み出している。

音声12

学習ポイント

1 ▶说到…首先想到　~といえば、すぐ思いつくのは~

Shuōdào Zhōngguó liàolǐ，wǒ shǒuxiān huì xiǎngdào běijīng kǎoyā.
说到中国料理，我首先会想到北京烤鸭。
中国料理といえば、すぐ思いつくのは北京ダックだ。

Shuōdào niúròu fàn，shǒuxiān xiǎngdào de，kěndìng shì Jíyějiā ya !
说到牛肉饭，首先想到的，肯定是吉野家呀!
牛丼といえば、まず思いつくのはぜったい吉野家でしょう。

Shuōdào yóuxì，wǒ shǒuxiān xiǎngdào de shì《Yuánshén》.
说到游戏，我首先想到的是《原神》。
ゲームと言えば、まず思いつくのは『原神』だ。

2 ▶…上　~においては、~の面では~、“ 在…上 ”の形でも使う

＊類似表現：…方面

Zài shēnghuó shang，tā fēicháng jiéjiǎn.
在生活上，她非常节俭。生活の面では、彼女はかなり節約している。

Rúguǒ gōngzuò shang yùdàole shénme kùnnan，nǐ kěyǐ suíshí zhǎo wǒ.
如果工作上遇到了什么困难，你可以随时找我。
もし仕事の面で何かお困りなことがありましたら、いつでも私に言ってください。

Zài kǎoshì zhè jiàn shì shang，tā cónglái bú yòng fùmǔ cāoxīn.
在考试这件事上，他从来不用父母操心。
受験に関しては、彼は両親に心配されたことはない。

3 ▶毕竟　[副詞] 結局のところ、なんと言っても、やはり、つまり（ある事実・原因を強調する、疑問文には使えない）

Nǐmen bìjìng shì péngyou，bié shēngqì le.
你们毕竟是朋友，别生气了。なんと言ってもお友達だから、もう怒らないで！

Píngguǒ de chǎnpǐn guì shi guì，dàn pǐnzhì bìjìng shì yǒu bǎozhàng de.
苹果的产品贵是贵，但品质毕竟是有保障的。
アップルの商品は確かに高いけれど、品質はやはりちゃんとしている。

Wǒ wènwen tā néng bù néng lái，bìjìng xiànzài yǐjīng hěn wǎn le.
我问问他能不能来，毕竟现在已经很晚了。
来られるかどうか彼に聞いてみる。なにせもうこんなに遅い時間だし。

1-5 浙江人和广东人
浙江省の人と広東省の人

まず、聴いてみましょう！

ヒント1

Yǒu yì jiā zhùmíng de Zhōngguó qǐyè de zǒngbù wèiyú Zhèjiāng shěng, zhè jiā qǐyè shì ?

有一家著名的中国企业的总部位于浙江省,这家企业是?

浙江省にはある有名な中国企業の本社があります。その企業とは？

ヒント2

Lǔ Xùn shì nǎlǐ rén ?

鲁迅是哪里人?

魯迅はどこの出身ですか？

ヒント3

Guǎngdōngrén de yǐnshí wénhuà shì zěnmeyàng de ?

广东人的饮食文化是怎么样的?

広東省の方の食文化はどうですか？

単　語

仿佛 fǎngfú　まるで、あたかも
做生意 zuò shēngyì　商売をする、ビジネスをする
讲信用 jiǎng xìnyòng　信用を重んじる
竟然 jìngrán　なんと、事もあろうに
吃货 chīhuò　食いしん坊
不敢 bù gǎn　勇気がなくて〜できない
遍地 biàndì　一面の、至るところに
大排档 dàpáidàng　屋台
茶餐厅 chácāntīng　飲茶の店
吃苦肯干 chīkǔ kěngàn　苦労をいとわない
精明 jīngmíng　頭が切れる、打算的だ
细致 xìzhì　丁寧な、注意深い、きめ細かい

音声 14

浙江人和广东人

Zhèjiāngrén zǒng gěi rén “hěn yǒu qián” de yìnxiàng. Yīnwèi Zhèjiāng shì
浙江人总给人“很有钱”的印象。因为浙江是
zhùmíng de Ālǐbābā de zǒngbù suǒzàidì, shì gèlèi shāngpǐn de zhìzào
著名的阿里巴巴的总部所在地，是各类商品的制造
zhōngxīn, zìrán yě shì gèzhǒng shāngrén de tiānxià. Suǒyǐ zài Zhèjiāng, fǎng-
中心，自然也是各种商人的天下。所以在浙江，仿
fú rénrén dōu huì zuò shēngyì、xǐhuan zhuànqián、dǒngde yǔ rén hézuò qiě jiǎng
佛人人都会做生意、喜欢赚钱、懂得与人合作且讲
xìnyòng. Zhèjiāngrén de fāngyán, wàidìrén gēnběn tīngbudǒng, dàn Sū Shì、
信用。浙江人的方言，外地人**根本**听不懂，但苏轼、
Lǔ Xùn děng dà wénháo què jìngrán dōu shì Zhèjiāngrén !
鲁迅等大文豪却**竟然**都是浙江人！

Guǎngdōngrén ne, gěi rén de yìnxiàng jiùshì “yǒu qián de chīhuò”.
广东人呢，给人的印象就是“有钱的吃货”。
Tiānshang fēide, dìshang pǎode, hǎoxiàng méiyǒu shénme shì Guǎngdōngrén bù gǎn
天上飞的，地上跑的，好像没有什么是广东人不敢
chī de, biàndì de dàpáidàng hé chácāntīng yě ràng Guǎngdōng biànchéngle měishí
吃的，遍地的大排档和茶餐厅也让广东变成了美食
de tiāntáng ; zài Xiānggǎng yīnyuè de yǐngxiǎng xià, yuèyǔ yě chéngle Guǎngdōngrén
的天堂；在香港音乐的影响下，粤语也成了广东人
de jiāo'ào ; Guǎngdōngrén xǐhuan ānyì de shēnghuó, xìnggé wēnhé yǒuhǎo,
的骄傲；广东人喜欢安逸的生活，性格温和友好，
dàn yě chīkǔ kěngàn, zuòshì jīngmíng xìzhì ; zàijiāshang lí Gǎng Ào jìn,
但也吃苦肯干，做事精明细致；**再加上**离港澳近，
suǒyǐ rénmen wǎngwǎng juéde Guǎngdōngrén de sīxiǎng guānniàn gèng kāifàng.
所以人们往往觉得广东人的思想观念更开放。

浙江省の人と広東省の人

浙江省の人は「金持ち」なイメージです。浙江省は、かの有名なアリババ本社のあるところで、各種商品の製造中心地でもあり、自ずとさまざまなビジネスパーソンが集結します。そのため、浙江省では、あたかも誰もが商売をして金稼ぎに精を出し、他人と協力し信用を重んじることを心得ているかのようです。浙江省の方言は、ほかの地域の人間には全く分かりません。ただ、蘇軾や魯迅といった大文豪はなんと浙江省の人なんです。

一方、広東省の人といえば、「金持ちの食いしん坊」なイメージです。空を飛ぶ物でも地上を走る物でも、広東の人に食べられない物はないと思えるくらいです。至る所にある「大排档」（屋台）や「茶餐廳」（飲茶の店）も、広東をグルメ天国にするのに一役買っています。香港音楽の影響で、広東語も広東省の人の自慢の一つになりました。広東省の人は気楽な暮らしを好み、性格は温和で友好的ですが、苦労をいとわず、物事を聡明にきめ細かくこなします。しかも香港やマカオに近いため、広東省の人は開放的なイメージ（新しいものを受け入れるのが早いイメージ）があります。

音声15

学習ポイント

1 ▶根本　[副詞] ぜんぜん～、完全に、根本的に～

＊よく否定形で使われているが、肯定形で強調を表すこともある。

Wǒ shuōde huà，tā gēnběn bù tīng.
我说的话，他根本不听。私の言うことなんて、彼は全く耳を貸さない。

Zhè gēnběn jiùshi yáoyán，bù néng xìn.
这根本就是谣言，不能信。これは完全なデマだ、信じちゃだめ！

Nǐ gēnběn jiùshi xǐhuan wǒ！Bú yào bù chéngrèn！
你根本就是喜欢我！不要不承认！絶対俺のこと好きだろ？　認めろ。

2 ▶竟然　[副詞] まさか、思いもかけず、意外にも（"没想到"との相性がいい）

Nǐ jìngrán zhànzhe shuìzháo le？
你竟然站着睡着了？まさか立ったままで寝ちゃった？

Wǒ qùle hǎoduō cì，jìngrán háishi mílù le.
我去了好多次，竟然还是迷路了。何回も行ったのに、まさかまた道に迷ったとは。

Tā jìngrán cóng 180 gōngjīn shòudàole 90 gōngjīn. Tài lìhai le.
他竟然从 180 公斤瘦到了 90 公斤。太厉害了。
彼は 180 キロから 90 キロまで減量できたなんて、凄すぎる！

3 ▶再加上　[累加を表す接続詞] ～に加えて、さらに、その上

Tā yòu cōngmíng、yòu piàoliang，zàijiāshang xìnggé hǎo，jiǎnzhí wánměi！
她又聪明、又漂亮，再加上性格好，简直完美！
彼女は頭も良し、顔も良し、加えて性格も良い。ほんとにパーフェクト！

Cháng shíjiān jiābān、bù chīfàn，zàijiāshang línyǔ，Xiǎo Wáng yíxiàzi jiù bìngdǎo le.
长时间加班、不吃饭，再加上淋雨，小王一下子就病倒了。
長時間残業することと、食事をしていないことに加えて、雨でびしょ濡れになって、王さんは急に病気で倒れた。

Hǎiwài jiàgé suīrán piányi，dàn yùnfèi gāo，zàijiāshang háiyào jiāo guānshuì，hái bùrú zài guónèi mǎi ne！
海外价格虽然便宜，但运费高，再加上还要交关税，还不如在国内买呢！
海外の価格は安いけど、運賃が高く、その上に関税も払わなければならないから、国内で買ったほうがよっぽどいいよ。

音声 16

1-6 如何看待刻板印象?

ステレオタイプの捉え方

まず、聴いてみましょう！

ヒント1

Xǐhuan chī cōng hé cù de shì Zhōngguó de nǎlǐrén ?

喜欢吃葱和醋的是中国的哪里人?

比較的にネギ好きとお酢好きなのは、それぞれどこの中国人ですか？

ヒント2

Zàngzúrén gěi rén de yìnxiàng shì zěnmeyàng de ?

藏族人给人的印象是怎么样的?

チベット族の方はどんな印象を人に与えますか？

ヒント3

Wǒmen yīnggāi rúhé kàndài kèbǎn yìnxiàng ?

我们应该如何看待刻板印象?

ステレオタイプはどう捉えればいいですか？

単　語

各有各的 gè yǒu gè de　それぞれの～がある
煤老板 méi lǎobǎn　炭鉱オーナー
西藏 Xīzàng　チベット
虔诚 qiánchéng　敬虔である、信仰心が篤い
一定程度 yídìng chéngdù　ある程度
个体 gètǐ　個人、一人ひとり

音声 17

如何看待刻板印象？

其实每个地方的人都各有各的特色，《Qíshí měige dìfang de rén dōu gè yǒu gè de tèsè,》除了以上提到的这些，《chúle yǐshàng tídào de zhèxiē,》我们还经常说：山东人个子高、爱吃大葱；《wǒmen hái jīngcháng shuō：Shāndōngrén gèzi gāo、ài chī dàcōng；》山西人爱吃醋（山西产醋），《Shānxīrén ài chī cù (Shānxī chǎn cù),》个个都是煤老板；《gègè dōu shì méi lǎobǎn；》台湾的女孩都很温柔可爱；《Táiwān de nǚhái dōu hěn wēnróu kě'ài；》西藏的男女都体格强健、《Xīzàng de nánnǚ dōu tǐgé qiángjiàn、》对佛教的信仰十分虔诚……《duì Fójiào de xìnyǎng shífēn qiánchéng ……》

然而，《Rán'ér,》必须再次**指出**的是，《bìxū zàicì zhǐchū de shì,》所有这些都只是一种刻板印象，《suǒyǒu zhèxiē dōu zhǐshi yì zhǒng kèbǎn yìnxiàng,》一定程度上正确，《yídìng chéngdù shang zhèngquè,》**但却**不一定绝对真实。《dàn què bù yídìng juéduì zhēnshí.》如果我们想要更进一步地了解某个群体，《Rúguǒ wǒmen xiǎng yào gèng jìnyíbù de liǎojiě mǒu ge qúntǐ,》就必然要更多地、《jiù bìrán yào gèng duō de、》更具体地了解这个群体中的每一个个体，《gèng jùtǐ de liǎojiě zhège qúntǐ zhōng de měi yí ge gètǐ,》**这样**，《zhèyàng,》我们**才能**不被刻板印象限制，《wǒmen cáinéng bú bèi kèbǎn yìnxiàng xiànzhì,》才能看到一个更多元、《cáinéng kàndào yí ge gèng duō yuán、》更有趣的人物群像。《gèng yǒuqù de rénwù qúnxiàng.》

ステレオタイプの捉え方

実はどの地方の人にもそれぞれの特徴があります。上に挙げた例のほかにもよく言われるのが、「山東省の人は背が高く、ネギが好き」「山西省の人はお酢が好き（山西省は有名なお酢の産地。「吃醋」はお酢を飲む以外に嫉妬深いの意味もある）、炭鉱オーナーだらけ」「台湾の女の子は優しくてかわいい」「チベットの方は男も女も体格ががっしりしていて、仏教に対する信仰は非常に篤い」などがあります。

しかしながら、もう一度指摘しておきたいのは、これらは全てステレオタイプに過ぎず、ある程度は正しいとは言え、絶対的な真実ではないということです。ある人々についてもっと理解したいと思うなら、必然的にその一人ひとりについてより深く具体的に知る必要があります。そうしてこそ、ステレオタイプにとらわれず、より多元的で興味深い群像を目にすることができるでしょう。

音声18

学習ポイント

1 ▶指出　［動詞］指摘する

Bàogào zhǐchū, gōngsī yīnggāi xiǎng bànfǎ kòngzhì chéngběn.
报告指出，公司应该想办法控制成本。
報告は会社がコストを削減する方法を考えるべきだと指摘している。

Tā zài zhè piān wénzhāng zhōng, zhǐchūle zhè cì jīngjì gǎigé zhōng chūxiàn de wèntí.
他在这篇文章中，指出了这次经济改革中出现的问题。
彼はこの文章で、今回の経済改革における問題点を指摘していた。

2 ▶但却 しかし、“但是＋却”の略

＊“但”も“却”も「しかし」の意味ですが､“但”は接続詞､“却”は副詞なので、一緒に使ってもくどくなることはなく、逆接をより強調したニュアンスになる。また、前の短文と後ろの短文の主語が違う場合、「主語１＋但＋主語2＋却」の形で使われる。

Wǒ chūmén mǎi dōngxi, dàn què wàngle dài qián.
我出门买东西，但却忘了带钱。買い物に行ったけど、お金を忘れていた。

Wǒ zhǐ jiànguo tā yí miàn, dàn què duì tā yìnxiàng fēicháng shēnkè.
我只见过他一面，但却对他印象非常深刻。
彼と一度しか会ったことがないが、私に非常に深い印象を残した。

Tā shuōle hěn duō, dàn jiārén què wúfǎ lǐjiě tā.
他说了很多，但家人却无法理解他。
彼はじっくり説明したが、家族は彼のことを理解できなかった。

3 ▶这样，才能…　こうしてやっと～できる、こうないと～できない

Shǎo chī diǎnr, zhèyàng cáinéng shòuxiàlái.
少吃点儿，这样才能瘦下来。
食べるのを控えよう。そうしないと痩せれない。

Duō chī diǎnr, zhèyàng cáinéng yǒujìnr gànhuór.
多吃点儿，这样才能有劲儿干活儿。
たくさん食べて。そうしないと働く気力が出ないよ。

Wǒ yào qù dǎgōng, zhèyàng, cáinéng zǎnxià qián mǎi xīn diànnǎo.
我要去打工，这样，才能攒下钱买新电脑。
バイトしなきゃ、新しいパソコンを買うお金が貯められない。

第2課

不同年代的中国人爱用哪些名字？

年代別 中国人に人気の名前は？

2-1

出生年代与姓名有什么关系?

年代と名前の関係は？

2-2

五六十年代生人的常见姓名

50、60 年代生まれの方の名前

2-3

80 后爱用什么名字?

80 年代生まれの方の名前

2-4

重名怎么办?

同名問題はどうする？

2-5

00 后的取名倾向

2000 年以降の名付けの傾向

2-6

姓名与包含于其中的爱

名前に込められた愛

2-1 出生年代与姓名有什么关系?

年代と名前の関係は？

まず、聴いてみましょう！

ヒント1

Wǒmen de míngzi bèi jìtuōle shénme ?

我们的名字被寄托了什么?

私たちの名前には、何が託されていますか？

ヒント2

Qǐ míngzi róngyì ma ?

起名字容易吗?

名前を考えるのは簡単ですか？

ヒント3

Míngzi hé chūshēng de niándài yǒu shénmeyàng de guānlián xìng ?

名字和出生的年代有什么样的关联性?

名前と生まれた年代には、どんな関連がありますか？

単語

跟随 gēnsuí　付いていく、付き従う
往往 wǎngwǎng　しばしば、往々にして
承载 chéngzài　乗せる、重量を支える
寓意 yùyì　寓意、託された意味
不免俗 bù miǎnsú　世間のルールから抜け出せない
不约而同 bùyuē'értóng　（行動・意見など）期せずして一致する
猜出 cāichū　推測して当てる

音声 20

出生年代与姓名有什么关系？

我们绝大多数人都拥有一个自己的“名字”，《Wǒmen juédà duōshù rén dōu yōngyǒu yí ge zìjǐ de “míngzi”,》这个“名字”将跟随我们一生。也因此，我们的名《zhège “míngzi” jiāng gēnsuí wǒmen yìshēng. Yě yīncǐ, wǒmen de míng-》字往往承载了长辈们对我们的期望和祝福。然而，《zi wǎngwǎng chéngzàile zhǎngbèimen duì wǒmen de qīwàng hé zhùfú. Rán'ér,》要取一个既独特又寓意美好的名字却并不那么容易。《yào qǔ yí ge jì dútè yòu yùyì měihǎo de míngzi què bìng bú nàme róngyì.》很多时候，我们的名字会**不免俗**地带上时代的印记。《Hěn duō shíhou, wǒmen de míngzi huì bù miǎnsú de dàishang shídài de yìnjì.》如果我们统计一下不同年代中国人的姓名，就会发《Rúguǒ wǒmen tǒngjì yíxià bù tóng niándài Zhōngguórén de xìngmíng, jiù huì fā-》现，很多人的名字会不约而同地**集中**在某些字、词《xiàn, hěn duō rén de míngzi huì bùyuē'értóng de jízhōng zài mǒuxiē zì、 cí》上，所以，听到这些名字，我们就能够一定程度上《shàng, suǒyǐ, tīngdào zhèxiē míngzi, wǒmen jiù nénggòu yídìng chéngdù shang》猜出他（她）是哪个年代出生的人。《cāichū tā (tā) shì nǎ ge niándài chūshēng de rén.》

年代と名前の関係は？

私たちの大多数は自分の「名前」があります。この「名前」は一生付いて回るので、年長者からの期待や祈りがよく込められています。しかし、独特でかつ良い意味を持つ名前を考えるのはそんなに簡単ではありません。多くの場合、名前は俗世の習わしから逃れられず、時代の印が刻み込まれます。年代別に中国人の名前の統計を取ると、多くの人の名前は、期せずして特定の字に集中していることが分かります。そのため、名前を聞けば、その人が生まれた年代をある程度は推測することができます。

音声21

学習ポイント

1 ▶不免俗　しきたりや世間のルールから抜け出せない、例外ではない

＊"不能免俗"の形でも使う。

Dàole niánlíng jiù jiéhūn, hěn duō rén dōu bù néng miǎnsú.
到了年龄就结婚，很多人都不能免俗。
結婚すべき年齢に結婚する。多くの人はこの暗黙のルールに従っている。

Hěn duō rén dōu xǐhuan píngguǒ de chǎnpǐn, wǒ yě bù miǎnsú.
很多人都喜欢苹果的产品，我也不免俗。
多くの人がアップル製品が好きで、私も例外ではない。

Jiéhūn shí, wǒmen yě bù miǎnsú de pāile hūnshāzhào, bànle jiǔxí.
结婚时，我们也不免俗地拍了婚纱照，办了酒席。
結婚する際、私たちも皆と同じように、結婚記念写真も撮って、式も挙げた。

2 ▶集中　［動詞］分散状態の物・人・力を集める、意見をまとめる

＊集中している様を表す形容詞としても使う。

Qǐng dàjiā jízhōng zhùyìlì.
请大家集中注意力。みなさん、集中してください。

Dàjiā tí de wèntí, wǒ lái jízhōng huídá yíxià.
大家提的问题，我来集中回答一下。
みなさんのご質問に、まとめてお答えします。

Jízhōng jīnglì zuòhǎo yí jiàn shì, ér bú yào tóngshí zuò hěn duō shì, què dōu zuòbuhǎo.
集中精力做好一件事，而不要同时做很多事，却都做不好。
1つのことに集中してやり遂げる。同時にいろいろなことに手を出して全て上手くできない事態にならないように。

3 ▶猜出（来）　［動詞］正しく推測する、当てる

Wǒ cāibuchū tā de niánlíng.
我猜不出他的年龄。彼の年齢を当てることができない。

Nǐ shì zěnme cāichūlái de ?
你是怎么猜出来的？どうやって当てたの？

Wǒ wánquán cāibuchū zhè shì shénme.
我完全猜不出这是什么。これが何なのか、全然分からない。

2-2 五六十年代生人的常见姓名

50、60年代生まれの方の名前

まず、聴いてみましょう！

ヒント1

Wǔ shí niándài chūshēng de Zhōngguórén de xìngmíng zhōng shénmeyàng de míngzi bǐjiào duō ?

五十年代出生的中国人的姓名中什么样的名字比较多?

1950年代生まれの中国人の名前にはどんな名前が多いですか？

ヒント2

Zhè yì shíqī, zhōngguó nǚxìng de míngzi zhōng shénme hànzì bǐjiào chángjiàn ?

这一时期，中国女性的名字中什么汉字比较常见?

この時期、中国人女性の名前によく出てくる漢字は？

ヒント3

“Yù”、“Yīng” zhè liǎng ge zì zhōng, bāohánle shénme yìsi ?

“玉”、“英” 这个两字中，包含了什么意思?

「玉」と「英」の２つの漢字にはどんな意味が込められていますか?

単語

取名 qǔmíng　名前をつける
作出贡献 zuòchū gòngxiàn　貢献する
援朝 yuáncháo　北朝鮮を助ける
（「抗美援朝」は朝鮮戦争時のスローガンで、アメリカに対抗し、北朝鮮を助けるという意味）
不无关系 bùwú guānxi　関係がなくはない、多少は関係がある
想必 xiǎngbì　おそらく～だろう、きっと～だろう
珍贵 zhēnguì　貴重な、珍しい
花卉 huāhuì　花き、花の咲く草

音声 23

五六十年代生人的常见姓名

从表格中《Cóng biǎogé zhōng》，我们不难发现《wǒmen bù nán fāxiàn》，每个时代的常用名《měi ge shídài de chángyòng míng》，都有着鲜明的时代特征《dōu yǒuzhe xiānmíng de shídài tèzhēng》。上世纪五六十年代《Shàng shìjì wǔ-liù shí niándài》，“建国《Jiànguó》”“建华《Jiànhuá》”“建平《Jiànpíng》”等名字比较常见《děng míngzi bǐjiào chángjiàn》。据统计《Jù tǒngjì》，目前中国全国有 98 万人叫《mùqián Zhōngguó quánguó yǒu 98 wàn rén jiào》“建国《Jiànguó》”，其中有近 30 万叫《qízhōng yǒu jìn 30 wàn jiào》“建国《jiànguó》”的人《de rén》，出生在新中国建立后的 10 年之内《chūshēng zài Xīnzhōngguó jiànlì hòu de 10 nián zhīnèi》。可以说《Kěyǐ shuō》，给孩子取名《gěi háizi qǔmíng》“建国《jiànguó》”**既是**为了纪念新中国的成立《jì shì wèile jìniàn Xīnzhōngguó de chénglì》，**也是**希望孩子将来能够为建设祖国作出贡献《yě shì xīwàng háizi jiānglái nénggòu wèi jiànshè zǔguó zuòchū gòngxiàn》。除了《Chúle》“建国《Jiànguó》”之外《zhīwài》，“援朝《Yuáncháo》”“和平《Hépíng》”等名字在这一时期也非常普遍《děng míngzi zài zhè yì shíqī yě fēicháng pǔbiàn》，这显然与朝鲜战争的影响不无关系《zhè xiǎnrán yǔ Cháoxiǎn zhànzhēng de yǐngxiǎng bùwú guānxi》。与此同时《Yǔ cǐ tóngshí》，这一时期的女性《zhè yì shíqī de nǚxìng》，名字中多使用《míngzi zhōng duō shǐyòng》“兰《Lán》”“英《Yīng》”“玉《Yù》”等字样《děng zìyàng》，**想必**这是希望女子能像珍贵且寓意美好的花卉《xiǎngbì zhè shì xīwàng nǚzǐ néng xiàng zhēnguì qiě yùyì měihǎo de huāhuì》、玉石一样《yùshí yíyàng》，拥有美丽的外表和纯洁《yōngyǒu měilì de wàibiǎo hé chúnjié》、温润的内心《wēnrùn de nèixīn》。

50、60年代生まれの方の名前

この表から、各時代の人気の名前は、それぞれの時代の特徴を色濃く反映していることが分かります。1950 ~ 60 年代は、「建国」「建華」「建平」といった名前が多いです。統計によれば、現在、中国全土には 98 万人の「建国」さんがいて、うち 30 万人近くの「建国」さんが、新中国成立から 10 年以内に生まれた人だそうです。子供を「建国」と名付けたのは、新中国の成立を記念するためであると同時に、将来子供が祖国に貢献できる人物になってほしいと願ったためとも言えます。「建国」以外では、この時期は「援朝」「和平」といった名前もよく見られました。これは明らかに朝鮮戦争の影響と関係があります。また、この時期の女性の名前には、「蘭」「英」「玉」などの字が多く用いられました。これはおそらく、貴重で良い意味を持つ花や宝石のように、美しい外見と純潔で穏やかな心を備えた女の子になってほしいとの願いからでしょう。

中国公安部户政管理研究中心发布了《2020 年全国姓名报告》
各个年代最常见的十个名字

1959 年以前		1960-1969		1970-1979		1980-1989		1990-1999		2000-2009		2010-2019	
男	女	男	女	男	女	男	女	男	女	男	女	男	女
建国	秀英	军	秀英	勇	丽	伟	静	伟	静	涛	婷	浩宇	欣怡
建华	桂英	勇	桂英	军	艳	磊	丽	超	婷	浩	欣怡	浩然	梓涵
国华	秀兰	伟	英	伟	敏	勇	娟	涛	敏	杰	婷婷	宇轩	诗涵
和平	玉兰	建国	玉兰	强	芳	涛	艳	杰	婷婷	鑫	静	子轩	梓萱
明	桂兰	建华	萍	刚	静	超	燕	鹏	丹	俊杰	悦	宇航	子涵
建平	秀珍	建军	秀兰	建军	霞	强	敏	磊	雪	磊	敏	皓轩	紫涵
军	凤英	平	玉梅	涛	红梅	鹏	娜	强	丽	帅	佳怡	子豪	佳怡
平	玉珍	建平	红	斌	燕	军	芳	浩	倩	宇	雪	浩轩	雨涵
志明	玉英	强	丽	波	红	波	丹	鑫	艳	浩然	颖	俊杰	雨欣
德明	兰英	斌	敏	辉	英	杰	玲	帅	娟	鹏	雨欣	子涵	一诺

2021 年 公安部户政管理研究中心 发布

音声24

学習ポイント

1 ▶既（是）…也（是）…　～でもあり、～でもある

Mǔqīn jì shì wǒ zuì qīnmì de jiārén, yě shì wǒ zài wénxué shàng de qǐméng lǎoshī.
母亲既是我最亲密的家人，也是我在文学上的启蒙老师。
母は最も親しい家族であり、私にとって文学の手ほどきをしてくださった先生でもある。

Miànshì jì néng ràng qǐyè liǎojiě yìngpìnzhě, yě néng ràng yìngpìnzhě liǎojiě qǐyè.
面试既能让企业了解应聘者，也能让应聘者了解企业。
面接は、企業が応募者を知るためのものだけではなく、応募者が企業を知るためのものでもある。

Jīntiān qǐng nǐ chīfàn, jì shì wèile qìngzhù nǐ de shēngrì, yě shì wèile jìniàn zánmen xiāngshí shí zhōunián.
今天请你吃饭，既是为了庆祝你的生日，也是为了纪念咱们相识十周年。
今日はおごります。誕生日祝いでもあり、知り合って 10 年記念でもあるので。

2 ▶与（跟、和）…不无关系　無関係ではない、関係なくはない

Nǐ shēngbìng, gēn áoyè bùwú guānxi.
你生病，跟熬夜不无关系。あなたの病気は、夜更かしと無関係ではない。

Xiàolǜ gēn shíjiān de shǐyòng fāngfǎ bùwú guānxi.
效率跟时间的使用方法不无关系。
効率は、時間の使い方と無関係ではない。

Tā de xìnggé hé jiātíng de yǐngxiǎng bùwú guānxi.
他的性格和家庭的影响不无关系。
彼の性格は、家庭の影響と関係なくはない。

3 ▶想必　［副詞］おそらく～だろう、きっと～だろう

＊“会”（そうなる）との相性がいい。　＊類語：一定（きっと）

Zhè jiàn shì, nǐ xiǎngbì yǐjīng tīngshuō le ba !
这件事，你想必已经听说了吧！　この件は、すでに聞いたでしょう。

Zhèxiē wèntí, xiǎngbì suǒyǒu mǔqīn dōu huì yùdào.
这些问题，想必所有母亲都会遇到。
これらの問題は、おそらくすべての母親が遭遇するでしょう。

Tā yíxiàng zhǔnshí, zhè cì chídào, xiǎngbì shì chūle shénme shìr.
他一向准时，这次迟到，想必是出了什么事儿。
彼はいつも時間をちゃんと守っている。今回遅刻したのは絶対に何かあったのでしょう。

音声 25

2-3 80后爱用什么名字?

80年代生まれの方の名前

まず、聴いてみましょう!

ヒント1

Wénhuà dàgémìng de shíhou, shénmeyàng de míngzi bǐjiào liúxíng ?

文化大革命的时候,什么样的名字比较流行?

文化大革命の時、どんな名前が流行ったのですか?

ヒント2

80 niándài chūshēng de Zhōngguórén de míngzi, zuìdà de tèdiǎn shì shénme ?

80年代出生的中国人的名字,最大的特点是什么?

80年代生まれの中国人の名前の最大の特徴はなんですか?

ヒント3

80 hòu nánxìng de chángjiàn míng “Xīn” hé “Péng” de yìsi shì ?

80后男性的常见名“鑫”和“鹏”的意思是?

80年代によく見かける名前「鑫」と「鹏」の意味は?

単 語

取代 qǔdài　取って代わる

笔名 bǐmíng　ペンネーム

寄托 jìtuō　預ける、託す

大鹏展翅 dà péng zhǎnchì

「伝説の巨大な鳥が翼を広げる」の意味から迫力ある姿勢や動作、勢いあふれる様子を描写する言葉に

鹏程万里 péngchéng-wànlǐ　前途洋洋

音声 26

80后爱用什么名字?

受《Shòu》时代《shídài》风潮《fēngcháo》的《de》影响《yǐngxiǎng》，除了《chúle》列表《lièbiǎo》中《zhōng》的《de》“军《Jūn》”“勇《Yǒng》”“强《Qiáng》”等《děng》人名《rénmíng》外《wài》，“卫东《Wèidōng》”“向东《Xiàngdōng》”“红旗《Hóngqí》”“文革《Wéngé》”等《děng》名字《míngzi》在《zài》六七十年代《liù-qīshí niándài》也《yě》比较《bǐjiào》常见《chángjiàn》。

但《Dàn》到了《dàole》八十年代《bāshí niándài》，单字《dānzì》的《de》名字《míngzi》**取代《qǔdài》**双字名《shuāngzìmíng》，开始《kāishǐ》成为《chéngwéi》主流《zhǔliú》。有人《Yǒurén》说《shuō》，这《zhè》是《shì》受了《shòule》鲁迅《Lǔ Xùn》、老舍《Lǎoshě》等《děng》文人《wénrén》使用《shǐyòng》单字名《dānzìmíng》做《zuò》笔名《bǐmíng》的《de》影响《yǐngxiǎng》。这《Zhè》一《yì》时期《shíqī》，男孩《nánhái》名《míng》中《zhōng》最《zuì》多《duō》见《jiàn》的《de》，是《shì》“伟《Wěi》”“勇《Yǒng》”“磊《Lěi》”等《děng》字《zì》，寓意《yùyì》是《shì》“伟大《wěidà》”“勇敢《yǒnggǎn》”和《hé》“磊落《lěiluò》”；此外《cǐwài》“杰《Jié》”“强《Qiáng》”“鑫《Xīn》”“帅《Shuài》”“鹏《Péng》”也《yě》很《hěn》常见《chángjiàn》，它们《tāmen》**分别《fēnbié》寄托《jìtuō》**了《le》“杰出《jiéchū》”“强大《qiángdà》”“富有《fùyǒu》”“帅气《shuàiqì》”和《hé》“大鹏展翅《dà péng zhǎnchì》、鹏程万里《péngchéng-wànlǐ》”的《de》含义《hányì》。

80年代生まれの方の名前

時代の影響から、(2-2の) 表の中の「軍」「勇」「強」など以外にも、「衛東＝毛沢東を護衛する」「向東＝毛沢東の指示する方向へ」「紅旗」「文革(文化大革命)」といった名前も1960～70年代にはよく見られました。

しかし、80年代に入ると、1文字の名前が2文字の名前に取って代わり、主流となりました。これは魯迅や老舎といった文豪が1文字の名前をペンネームとして使っていた影響と指摘する人もいます。この時期、男の子の名前で最も多かったのが、「偉」「勇」「磊」で、意味はそれぞれ「偉大」「勇敢」「豪放磊落」です。ほかにも「傑」「強」「鑫」「帥」「鵬」も多く、それぞれ「傑出」「強大」「富裕」「かっこよさ」「勢いにあふれ、前途洋洋」という意味が託されています。

音声 27

学習ポイント

1 ▶取代　[動詞] 取って代わる

Qīnqíng shì wúkě qǔdài de.
亲情是无可取代的。
家族愛は、何かに取って代わられるものではない。

Wǎngluò zhújiàn qǔdàile diànshì.
网络逐渐取代了电视。
インターネットは徐々にテレビに取って代わった。

Tā wúfǎ qǔdài nǐ zài wǒ xīnzhōng de dìwèi.
他无法取代你在我心中的地位。
私にとって、彼はあなたに取って代わることができない。

2 ▶分别　[副詞] それぞれ、別々に

＊[動詞] 別れる　[名詞] 区別・違い

Wǒmen fēnbié cóng nánběi liǎng ge fāngxiàng dēngshàngle shāndǐng.
我们分别从南北两个方向登上了山顶。
我々はそれぞれ南北２つの方向から頂上に登った。

Sān wèi kēxuéjiā fēnbié déchūle xiāngsì de jiélùn.
三位科学家分别得出了相似的结论。
３名の科学者は別々だが、似た結論を出した。

Lǎoshī huì fēnbié hé xuéshēng de jiāzhǎng tánhuà.
老师会分别和学生的家长谈话。先生は別々に学生の保護者と面会する。

3 ▶寄托　[動詞] 抽象的な希望や感情を、あるものや人に託す、寄せる

Zhè shǒu shī jìtuōle shīrén de sīxiāng zhī qíng.
这首诗寄托了诗人的思乡之情。この詩には、詩人の郷愁が託された。

Zhège zuòpǐn jìtuōle tā de huánbǎo lǐniàn.
这个作品寄托了他的环保理念。
この作品に彼の環境保護の理念が込められた。

Hěnduō rén bǎ lǐxiǎng jìtuō zài zǐnǚ shēnshang.
很多人把理想寄托在子女身上。多くの人は自分の理想を子供に託す。

2-4 重名怎么办?

同名問題はどうする？

まず、聴いてみましょう！

ヒント1

“Juān” shì shénme yìsi ?

“娟”是什么意思?

「娟」の意味は？

ヒント2

“Mǐn” hé “Yàn” jìtuōle shénme měihǎo de yùyì ?

“敏”和“燕”寄托了什么美好的寓意?

「敏」と「燕」にはそれぞれどんな願いが込められていますか？

ヒント3

Zhōngguórén tóngmíng tóngxìng zuì duō de míngzi shì shénme ?

中国人同名同姓最多的名字是什么?

中国人で同姓同名の最も多い名前は何ですか？

単語

文静 wénjìng　上品でおとなしい、物腰が静かだ

娴静 xiánjìng　物静かだ、しとやかだ

芬芳 fēnfāng　かぐわしい

机敏聪慧 jīmǐn cōnghuì　機転が利き賢い、頭の回転が速く利口だ

重名 chóngmíng　同名である

每当 měi dāng　～するたび、～の際はいつも

音声 29

重名怎么办？

80后《80 hòu》、90后《90 hòu》女孩《nǚhái》的《de》名字《míngzi》多用《duōyòng》“静《Jìng》”“芳《Fāng》”“丽《Lì》”“娟《Juān》”“敏《Mǐn》”“燕《Yàn》”等字《děng zì》。“静《Jìng》”有《yǒu》“文静《wénjìng》、娴静《xiánjìng》”之意《zhī yì》，“芳《Fāng》”有《yǒu》“花朵《huāduǒ》芬芳《fēnfāng》”之意《zhī yì》，“丽《Lì》”和《hé》“娟《Juān》”都有《dōu yǒu》“美丽《měi-lì》”之意《zhī yì》，“敏《Mǐn》”有《yǒu》“机敏《jīmǐn》聪慧《cōnghuì》”之意《zhī yì》，“燕《Yàn》”则《zé》大概《dà-gài》是《shì》希望《xīwàng》女孩《nǚhái》能《néng》“如《rú》燕雀《yànquè》般《bān》聪明《cōngmíng》、可爱《kě'ài》”。

单字《Dānzì》的《de》名字《míngzi》虽然《suīrán》容易《róngyì》记《jì》，但《dàn》也《yě》容易《róngyì》引发《yǐnfā》重名《chóngmíng》问题《wèn-tí》。据《Jù》统计《tǒngjì》，中国《Zhōngguó》目前《mùqián》大约《dàyuē》有《yǒu》30万《30 wàn》人《rén》都《dōu》叫《jiào》“张伟《Zhāng Wěi》”，同《tóng》一个《yí ge》班级《bānjí》或《huò》同《tóng》一个《yí ge》办公室《bàngōngshì》里《li》出现《chūxiàn》两个《liǎng ge》张伟《Zhāng Wěi》，也是《yě shì》常有的《cháng yǒu de》事儿《shìr》，每当《měi dāng》这时《zhèshí》，人们《rénmen》就《jiù》只好《zhǐhǎo》用《yòng》“大张伟《Dà Zhāng Wěi》”、“小张伟《Xiǎo Zhāng Wěi》”的《de》称呼《chēnghū》方式《fāngshì》来《lái》区分《qūfēn》他们《tāmen》。

同名問題はどうする？

「80後」「90後」(1980～90年代生まれ)の女の子の名前には、「静」「芳」「麗」「娟」「敏」「燕」などの字が多く用いられています。「静」は「物静か、しとやか」、「芳」は「かぐわしい花」、「麗」と「娟」は「美麗」、「敏」は「機転が利き賢い」という意味で、「燕」は主に「燕や雀のように賢く可愛い女の子に」という願いが込められています。

1文字の名前は覚えやすいですが、同姓同名が生じやすいという問題があります。統計によると、中国には現在約30万人の「張偉」さんがいて、同じクラスや同じ部署に張偉さんが2人いる光景も少しも珍しくありません。そういう場合は、「大張偉」、「小張偉」のように呼び分けることで区別するしかありません。

同名の中国人が最も多い姓名と人数トップ30

01	张伟	299025	11	张丽	241075	21	王艳	206119
02	王伟	290619	12	李秀英	240742	22	王勇	204173
03	王芳	277293	13	王丽	236097	23	李军	204023
04	李伟	269453	14	张静	232060	24	张勇	203077
05	李娜	258581	15	张秀英	231114	25	李杰	202421
06	张敏	245553	16	李强	230717	26	张杰	199789
07	李静	243644	17	王敏	223592	27	张磊	198962
08	王静	241632	18	李敏	223469	28	王强	195956
09	刘伟	241621	19	王磊	219127	29	李娟	195589
10	王秀英	241189	20	刘洋	214420	30	王军	193723

音声30

学習ポイント

1 ▶ 1 如…(一) 般　～のように、～の如き（やや文学的な表現）

＊より口語的な類似表現は“像…一样”。

Tā kuài rú shǎndiàn bān de chōngle chūqù.
他快如闪电般地冲了出去。
彼はカミナリのように駆け出した。

Zhèli zhēnshì yí ge rú mèngjìng bān měilì de dìfang.
这里真是一个如梦境般美丽的地方。
ここは本当に夢のような美しい場所だ。

Tā de pífū rú sī bān guānghuá.
她的皮肤如丝般光滑。彼女の肌はシルクようにすべすべだ。

2 ▶ 每当～　～するたび、～の際はいつも

Měi dāng wǒ xiǎngqǐ nǐ, wǒ jiù hěn kāixīn.
每当我想起你，我就很开心。
あなたのことを思い出すたびに、嬉しくなる。

Měi dāng tīngdào chuāngwài de gēshēng, Xiǎodòudou jiù huì pǎo dào chuāngbiān.
每当听到窗外的歌声，小豆豆就会跑到窗边。
窓の外から歌声が聞こえるたびに、豆豆は窓辺に駆け寄っていく。

Měi dāng xīnli yǒu shìr de shíhou, wǒ jiù shuìbuzháo.
每当心里有事儿的时候，我就睡不着。悩み事がある時、いつも眠れない。

3 ▶ 目的を強調する“来”

＊よく連動文で使う。「来る」と訳さなくていい場合が多い。

Wǒmen xiǎng yòng shíyàn de fāngshì, lái yànzhèng zhège fāng'àn de kěxíngxìng.
我们想用实验的方式，来验证这个方案的可行性。
我々は実験で、この案の実現可能性を検証してみたい。

Wǒ tōngguò duànliàn, lái bǎochí shēntǐ de língmǐnxìng.
我通过锻炼，来保持身体的灵敏性。
私は、トレーニングで体の柔軟性を保つ。

Wǒmen yòng GPS lái zhuīzōng hòuniǎo de qiānxǐ lùjìng.
我们用GPS来追踪候鸟的迁徙路径。GPSを利用し、渡り鳥の飛行ルートを観察する。

音声31

2-5 00 后的取名倾向

2000 年以降の名付けの傾向

まず、聴いてみましょう！

ヒント1

Bā-jiǔ shí niándài yǐhòu，fùmǔ zài gěi háizi qǔmíng shí gèng guānxīn shénme ?

八九十年代以后，父母在给孩子取名时更关心什么?

80、90 年代以降、親が子供の名付けで何を重視するようになりましたか？

ヒント2

Líng líng hòu de míngzi zhōng，shénme hànzì bǐjiào yǒu rénqì ?

00 后的名字中，什么汉字比较有人气?

2000 年代生まれの中国人の名前ではどんな漢字が人気ですか？

ヒント3

“Zǐ” “Xuān” bāohánle shénmeyàng de yìsi ?

“梓”“轩”包含了什么样的意思?

「梓」「轩」はどんな意味が含まれていますか？

単　語

不再 bú zài　もう～しない、二度としない

内涵 nèihán　含意、意味

气派 qìpài　立派である、貫禄がある、威風堂々としている

气宇轩昂 qìyǔ xuān'áng　意気軒昂としている、意気込みが盛んで元気いっぱいだ

涵养 hányǎng　教養

喜悦 xǐyuè　喜び

00后的取名倾向

也是从八九十年代起《Yě shì cóng bā-jiǔ shí niándài qǐ》，中国的父母们不再《Zhōngguó de fùmǔmen bú zài》那么关心时代大事《nàme guānxīn shídài dàshì》，而更关心孩子的名字是否《ér gèng guānxīn háizi de míngzi shìfǒu》好听和有内涵《hǎotīng hé yǒu nèihán》。在这一趋势的影响下《Zài zhè yì qūshì de yǐngxiǎng xià》，2000年之后《2000 nián zhīhòu》，大批中国孩子的名字开始集中在《dàpī Zhōngguó háizi de míngzi kāishǐ jízhōng zài》“梓《Zǐ》”“轩《Xuān》”“浩《Hào》”“宇《Yǔ》”“辰《Chén》”“涵《Hán》”“欣《Xīn》”“怡《Yí》”等字眼上《děng zìyǎn shang》。

这里的《Zhèli de》“梓《Zǐ》”就是《jiùshì》“梓树《zǐ shù》”，常用来指《chángyòng lái zhǐ》“故乡《gùxiāng》”或《huò》“父母《fùmǔ》”（出自中国古典《chūzì Zhōngguó gǔdiǎn》《诗经《Shījīng》》），也有《yě yǒu》“生机《shēngjī》勃勃《bóbó》”的意思《de yìsi》；“轩《Xuān》”原指古代一种很气派《yuán zhǐ gǔdài yì zhǒng hěn qìpài》、顶很《dǐng hěn》高的车《gāo de chē》，现在则常会让人联想到《xiànzài zé chánghuì ràng rén liánxiǎng dào》“气宇轩昂《qìyǔ xuān'áng》”这个词《zhè ge cí》；“浩《Hào》”“宇《Yǔ》”“辰《Chén》”等词《děng cí》，则往往会让人联想到浩大《zé wǎngwǎng huì ràng rén liánxiǎng dào hàodà》的宇宙和浩繁的星辰《de yǔzhòu hé hàofán de xīngchén》；此外《cǐwài》，“涵《Hán》”指的是有文化《zhǐ de shì yǒu wénhuà》、有涵养的意思《yǒu hányǎng de yìsi》；“欣《Xīn》”和《hé》“怡《Yí》”则分别表示《zé fēnbié biǎoshì》“喜悦《xǐyuè》”和《hé》“愉快《yúkuài》”。

2000 年以降の名付けの傾向

同じく 1980 ～ 90 年代から、中国の親たちはもはや時代の大きな出来事にさほど関心を寄せなくなり、子供の名前が語呂が良いかどうか、深みのある意味かどうかに関心を寄せるようになりました。こうした傾向の影響で、2000 年以降の中国の子供の名前は、「梓」「軒」「浩」「宇」「辰」「涵」「欣」「怡」などに集中するようになりました。

この「梓」は「キササゲ」のことで、よく「故郷」や「父母」を指すのに用いられます（出典は中国の古典『詩経』）、「元気いっぱい」の意味もあります。「軒」は元々、古代の威風堂々とした屋根の高い車を指していたのですが、現代では「意気軒昂」という語を連想させます。「浩」「宇」「辰」などは、よく広大な宇宙と無数の星を連想させます。また、「涵」は文化や教養を指し、「欣」と「怡」はそれぞれ「喜び」と「楽しさ」を表します。

音声33

学習ポイント

1 ▶ 关心　［動詞］心にかける、気に留める、関心を持つ

Nǐ duō guānxīn guānxīn háizi.
你多关心关心孩子。子供をもう少し気にかけて。

Wǒ bù guānxīn jiàgé，zhǐ guānxīn hǎochī bù hǎochī.
我不关心价格，只关心好吃不好吃。
値段はどうでもいい、美味しいかどうかだけ知りたい。

Wǒ bù guānxīn nǐ zěnme shuō，zhǐ guānxīn nǐ zěnme zuò.
我不关心你怎么说，只关心你怎么做。
話す内容には興味はない。行動だけ見る。

2 ▶ 让（使）人联想到…　～を連想させる、～を思い起こさせる

Zhè shǒu gē huì ràng rén liánxiǎng dào dàhǎi hé xīngkōng.
这首歌会让人联想到大海和星空。
この歌は、海と星空を連想させる。

Gāo lǎoshī de liǎn yuányuánde，zǒngnéng ràng rén liánxiǎng dào pàngpàng de xióngmāo.
高老师的脸圆圆的，总能让人联想到胖胖的熊猫。
高先生のまんまるな顔は、ぽっちゃりとしたパンダを連想させる。

Tā de wǔdǎo dòngzuò huì shǐ rén liánxiǎng dào piānpiān qǐwǔ de xiānhè.
她的舞蹈动作会使人联想到翩翩起舞的仙鹤。
彼女のダンスは一途に踊るツルを思い起こさせる。

3 ▶ 往往　［副詞］（ある行動、状況はある条件ではよく発生する）しばしば、よく、往々にして

Wǒ qù zhǎo tā de shíhou，tā wǎngwǎng bú zàijiā.
我去找他的时候，他往往不在家。私が訪ねる時、彼はいつも家にいない。

Shēnghuó ānyì，wǎngwǎng huì xiāomó rén de yìzhì.
生活安逸，往往会消磨人的意志。
快適な暮らしは多くの場合、は人の意志を弱くさせる。

Dìzhèn qiánxī，dòngwù wǎngwǎng huì shǒuxiān fājué yìcháng.
地震前夕，动物往往会首先发觉异常。
地震が起こる前、動物たちは往々にして真っ先に異常を察知する。

音声34

2-6 姓名与包含于其中的爱

名前に込められた愛

まず、聴いてみましょう！

ヒント1

2020 nián chūshēng de Zhōngguórén de míngzi zhōng，shénme míngzi bǐjiào duō jiàn？

2020 年出生的中国人的名字中，什么名字比较多见？

2020 年生まれの中国人の名前には、どんな名前が多いですか？

ヒント2

Yí ge míngzi zhīsuǒyǐ shòu huānyíng, yuányīn dōu yǒu shénme？

一个名字之所以受欢迎，原因都有什么？

ある名前がヒットになる要因には何がありますか？

ヒント3

Guānyú míngzi，shénme shì wúsuǒwèi de？

关于名字，什么是无所谓的？

名前に関してどうでもいいことはなんですか？

単 語

尽管…但（是）jǐnguǎn … dàn（shì） ～ではあるが、～とは言え

仍然 réngrán 依然として

或多或少 huò duō huò shǎo 多かれ少なかれ、多少は

之所以 zhīsuǒyǐ ～なのは（～だからだ）

脱颖而出 tuōyǐng'érchū 頭角を現す、頭一つ抜き出る

爆款 bào kuǎn 超人気商品、大ヒット商品

一定 yídìng きっと、必ず

绞尽脑汁 jiǎojìn nǎozhī 知恵を絞る

殷切 yīnqiè 心がこもっている、切実である

落俗套 luò sútào 古いしきたりや常識にとらわれる

又有何妨 yòu yǒu héfáng なんだというのだろう、どうだというのだろう

音声 35

姓名与包含于其中的爱

Jǐnguǎn zhè yì shíqī，liǎng ge zì de míngzi chóngxīn liúxíngle qǐlái，
尽管这一时期，两个字的名字重新流行了起来，
dàn chóngmíng wèntí réngrán yánzhòng，zhè yì diǎn cóng 2020 nián xīnshēng'ér shǐ-
但重名问题仍然严重，这一点从 2020 年新生儿使
yòng zuìduō de míngzi lièbiǎo zhōng jiù kěyǐ kànchulai.
用最多的名字列表中就可以看出来。

Kějiàn，wǒmen de míngzì zǒngshì huì huò duō huò shǎo de shòudào shídài
可见，我们的名字总是会**或多或少**地受到时代
cháoliú de yǐngxiǎng. Ér yí ge Hànzì zhīsuǒyǐ nénggòu tuōyǐng’érchū，chéng-
潮流的影响。而一个汉字之所以能够脱颖而出，成
wéi míngzi zhōng de “bào kuǎn”，yě yídìng shì yǒu yuányīn de. Huò shì yīn-
为名字中的“爆款”，也一定是有原因的。或是因
wèi shíshì zhèngzhì，huò shì yīnwèi liúxíng wénhuà，yòu huòzhě shì yīnwèi yì-
为时事政治，或是因为流行文化，又或者是因为一
xiē zhòngdà de shèhuì shìjiàn. Dàn wúlùn rúhé，zhè dōu shì wǒmen de zhǎng-
些重大的社会事件。但无论如何，这都是我们的长
bèi jiǎojìn nǎozhī wèi wǒmen xiǎngchū de míngzi，chéngzàile tāmen duì wǒmen
辈绞尽脑汁为我们想出的名字，承载了他们对我们
zuì yīnqiè de xīwàng hé zuì shēnqiè de ài，suǒyǐ，jiùsuàn yǒudiǎn luò sú-
最殷切的希望和最深切的爱，所以，就算有点**落俗**
tào，yòu yǒu héfáng ne ?
套，又有何妨呢?

ISBN978-4-384-06000-3 C0584

名前に込められた愛

この頃、２文字の名前が再び流行し始めたとは言っても、同名問題は依然深刻です。それは、2020 年の新生児の名前からも見て取れます。

このように、私たちの名前は常に多かれ少なかれ時代の流れの影響を受けています。しかし、ある漢字が頭一つ抜き出て、「大ヒット」ネームになるには、必ず理由があります。それは政治的出来事が要因かもしれませんし、ポップカルチャーかもしれませんし、あるいは大きな社会的出来事かもしれません。ですが、理由はどうであれ、これらは全て上の世代の人々が私たちのために知恵を絞って考えてくれた名前で、私たちに対する心からの願いと深い愛が込められています。だから、たとえ少し古くさかったり、俗っぽかったとしても、そんなことはどうでもいいのです。

2020 年新生儿使用最多的 10 个名字

男性（名字、人数）		女性（名字、人数）	
奕辰 Yìchén	14620	一诺 Yīnuò	24820
宇轩 Yǔxuān	14479	依诺 Yīnuò	19426
浩宇 Hàoyǔ	14104	欣怡 Xīnyí	17623
亦辰 Yìchén	14034	梓涵 Zǐhán	14626
宇辰 Yǔchén	13234	语桐 Yǔtóng	12444
子墨 Zǐmò	12534	欣妍 Xīnyán	12096
宇航 Yǔháng	11609	可欣 Kěxīn	12022
浩然 Hàorán	11557	语汐 Yǔxī	11969
梓豪 Zǐháo	10895	雨桐 Yǔtóng	11637
亦宸 Yìchén	10844	梦瑶 Mèngyáo	11128

音声36

学習ポイント

1 ▶或多或少　［副詞］多かれ少なかれ、程度の差はあっても、いずれにしろそうである

Yí ge rén de yǐnshí xíguàn huò duō huò shǎo huì shòudào dāngdì qìhòu hé huánjìng de yǐngxiǎng.
一个人的饮食习惯或多或少会受到当地气候和环境的影响。
人の食習慣は多かれ少なかれ、その地域の天気や環境の影響を受けている。

Zhège xīnwén shìjiàn wǒmen dōu huò duō huò shǎo zhīdao yìdiǎnr.
这个新闻事件我们都或多或少知道一点儿。
このニュースになった事件を、我々は多かれ少なかれ知っている。

Yí ge xuéqī guòqù le，xuéshengmen huò duō huò shǎo dōu yǒule yìxiē jìnbù.
一个学期过去了，学生们或多或少都有了一些进步。
一学期が終わった。学生たちは多かれ少なかれ進歩があった。

2 ▶绞尽脑汁　［成語］ありったけの知恵を絞る

＊“想”“思考”“琢磨”などの動詞と一緒に使える。

Zhè shì wǒ jiǎojìn nǎozhī xiǎngchulái de bànfǎ.
这是我绞尽脑汁想出来的办法。これは知恵を絞ってやっと思いついた方法だ。

Wèile jiějué zhège wèntí，wǒ jiǎojìnle nǎozhī.
为了解决这个问题，我绞尽了脑汁。
この問題を解決するため、脳みそを絞りきった。

Wǒmen jiǎojìnle nǎozhī，zhōngyú jiějuéle zhège kùnnan.
我们绞尽了脑汁，终于解决了这个困难。
我々はありったけの知恵を絞って、やっとこの問題を解決した。

3 ▶落俗套　マンネリになる、陳腐になる

＊“不落俗套”との否定形でよく使う。

Zhège shèjì yǒuxiē luò sútào.
这个设计有些落俗套。このデザインはちょっと古い。

Zhè piān wénzhāng hěn xīnyǐng，bú luò sútào.
这篇文章很新颖，不落俗套。この文章は非常に斬新で、陳腐ではない。

Wǒmen de hūnlǐ yìdiǎnr yě bú luò sútào.
我们的婚礼一点儿也不落俗套。我々の結婚式は人と全く同じではない。

第 3 課

你所不知道的中国民居

あなたの知らない中国の古民家

3-1
被遺忘的中国民居
忘れられつつある中国の古民家

3-2
四川丹巴碉楼如何建成
四川省の石の塔の建て方

3-3
四川丹巴碉楼为何高耸入云
石塔が高い理由は

3-4
广东开平碉楼的特征
広東省開平県の「碉楼」の特徴

3-5
开平碉楼的存在意义
開平県の「碉楼」の存在意義

3-6
神奇的福建土楼
福建省の不思議な土楼

3-7
传统民居的现在
古民家の現在

音声 37

3-1 被遗忘的中国民居

忘れられつつある中国の古民家

まず、聴いてみましょう！

ヒント1

Shuōdào Zhōngguó de chuántǒng jiànzhù, nǐ huì xiǎngdào shénme ?

说到中国的传统建筑，你会想到什么?

中国の伝統建築といえば、どんなものを思いつきますか？

ヒント2

Mínjū àihàozhěmen zuòle shénme ?

民居爱好者们做了什么?

中国の古民家愛好家は、どんなことをしましたか？

ヒント3

Jíjiāng bèi jièshào de sān suǒ mínjū fēnbié zài shénme dìfang ?

即将被介绍的三所民居分别在什么地方?

これから紹介される３カ所の民家は、どこにありますか？

単　語

气势磅礴 qìshì pángbó　気勢がみなぎっている様、雄大な

婉约 wǎnyuē　婉曲だ、物腰柔らかだ、含蓄がある

火 huǒ　人気だ

遗忘 yíwàng　忘れる

前不久 qiánbùjiǔ　先ごろ、先日、この前

爱好者 àihàozhě　愛好家、ファン

筹 chóu　募る、集める

纪录片 jìlùpiàn　ドキュメンタリー

音声38

被遗忘的中国民居

提到《Tídào》中国《Zhōngguó》的《de》传统《chuántǒng》建筑《jiànzhù》，你《nǐ》最先《zuìxiān》想到《xiǎngdào》的《de》是《shì》什么《shénme》？是《Shì》气势《qìshì》磅礴《pángbó》的《de》皇家《huángjiā》宫殿《gōngdiàn》，还是《háishi》清新《qīngxīn》婉约《wǎnyuē》的《de》江南《Jiāngnán》园《yuán-》林《lín》？与《Yǔ》这些《zhèxiē》**火**了《huǒle》几千年《jǐ qiānnián》的《de》传统《chuántǒng》建筑《jiànzhù》相比《xiāngbǐ》，一些《yìxiē》古老《gǔlǎo》的《de》中国《Zhōngguó》民居《mínjū》却《què》正在《zhèngzài》逐渐《zhújiàn》被《bèi》人《rén》遗忘《yíwàng》。前不久《Qiánbùjiǔ》，中国《Zhōngguó》几《jǐ》位《wèi》民居《mínjū》爱好者《àihàozhě》自筹《zìchóu》资金《zījīn》，拍摄了《pāishèle》一《yí》部《bù》名为《míngwéi》《中国《Zhōngguó》民《mín-》居《jū》》的《de》纪录片《jìlùpiàn》，**颇**《pō》受《shòu》好评《hǎopíng》。让《Ràng》我们《wǒmen》跟着《gēnzhe》他们《tāmen》的《de》脚步《jiǎobù》，一起《yìqǐ》走近《zǒujìn》四川《Sìchuān》丹巴《Dānbā》碉楼《diāolóu》、广东《Guǎngdōng》开平《Kāipíng》碉楼《diāolóu》和《hé》福建《Fújiàn》土楼《tǔlóu》这《zhè》三《sān》处《chù》**极**《jí》**具**《jù》特色《tèsè》的《de》民居《mínjū》，了解《liǎojiě》一下《yíxià》它们《tāmen》的《de》前世今生《qiánshì jīnshēng》吧《ba》！

忘れられつつある中国の古民家

中国の伝統建築と言われて、真っ先に何を思い浮かべますか？　雄大な皇帝の宮殿ですか、それとも清らかで含蓄ある江南の園林ですか？　こうした何千年もの間、人気を保つ伝統建築とは対照的に、一部の古い中国民家は今、徐々に忘れられていっています。この間、中国の民家愛好家数名が資金を募って制作した『中国民居』というタイトルのドキュメンタリーが公開され、ことのほか好評を博しました。そこで、彼らの足取りをたどりながら、四川省丹巴県の碉楼（石塔）、広東省開平県の碉楼、福建省の土楼という特色のある3カ所の民家に踏み入って、その過去と現在を学んでみましょう。

音声 39

学習ポイント

1 ▶火　[動詞] 人気になる、有名になる、バズる
[形容詞] 非常に人気のあるさま、有名、流行っている

Zánmen pāide shìpín huǒ le !
咱们拍的视频火了！ 私たちが撮った動画がバズった！

Zhè shǒu gē yí yè zhījiān huǒbiàn quánqiú.
这首歌一夜之间火遍全球。この曲は一夜にして世界中でヒットした。

Zuìjìn zhège zǔhé de gē fēicháng huǒ.
最近这个组合的歌非常火。最近このグループの歌はとてもアツい。

2 ▶颇　[副詞] すこぶる、非常に

Tā duì Jīngjù wénhuà pō yǒu yánjiū.
他对京剧文化颇有研究。彼は京劇文化にかなり詳しい。

Wǒ duì chuántǒng jiànzhù pō gǎn xìngqu.
我对传统建筑颇感兴趣。伝統建築にすこぶる興味がある。

Tā duì xīn tóngshì pō yǒu yuànyán.
她对新同事颇有怨言。彼女は新しい同僚にかなり不満である。

3 ▶极具　[動詞] 非常にある

Zhège chǎnpǐn jí jù shìchǎng jìngzhēnglì.
这个产品极具市场竞争力。この商品はとても競争力がある。

Tā zài yīnyuè shang jí jù tiānfù.
他在音乐上极具天赋。彼は音楽の分野では非常に才能ある。

Zhè chǎng bǐsài jí jù guānshǎng xìng.
这场比赛极具观赏性。この試合は非常に見応えがある。

3-2 四川丹巴碉楼如何建成

四川省の石の塔の建て方

まず、聴いてみましょう！

ヒント1

“Dānbā Xiàn” zài nǎr？

“丹巴县”在哪儿? 「丹巴县」はどこにありますか？

ヒント2

“Dānbā diāolóu” yǒu shénmeyàng de wàiguān hé gōngnéng？

“丹巴碉楼”有什么样的外观和功能?

「丹巴碉楼」はどんな外観で、どんな機能がありますか？

ヒント3

“Dānbā diāolóu” shì shǒugōng jiànzào de，nà jiūjìng shì zěnme jiàn de ne？

“丹巴碉楼”是手工建造的，那究竟是怎么建的呢?

「丹巴碉楼」は手作業で建てられたのですが、一体どうやって建てられたのですか？

単語

当地 dāngdì　現地、地元
就地取材 jiùdì qǔcái　材料を現地調達する
垒 lěi　積み上げる、築く
窄 zhǎi　狭い
屹立 yìlì　屹立する、そびえ立つ
地基 dìjī　敷地
敲打 qiāodǎ　たたく、打ち出す
将 jiāng　（動作の対象を導く）～を、「把」よりやや改まった表現、使い方は「把」と同じ
砌 qì　（石やブロックをセメントなどのつなぎで）積み上げる、築く
牢固 láogù　頑丈だ、堅固だ

音声 41

四川丹巴碉楼如何建成

Sìchuān shěng Dānbā xiàn wèiyú Qīngzàng Gāoyuán dōngbù yǔ Sìchuān Péndì zhī-
四川省丹巴县位于青藏高原东部与四川盆地之
jiān, zhèlǐ dìxíng fùzá、 shícái fēngfù. dāngdìrén jiùdì qǔcái,
间，这里地形复杂、石材丰富。当地人就地取材，
lěi shí wéi qiáng, jiànqǐ shàng zhǎi xià kuān、zàoxíng sì tǎ de、 gāodá jǐ shí
垒石为墙，建起上窄下宽、造型似塔的、高达几十
mǐ de diāolóu. zhèxiē diāolóu dōng nuǎn xià liáng、kàngzhèn xìng qiáng, kěyǐ yì-
米的碉楼。这些碉楼冬暖夏凉、抗震性强，可以屹
lì bǎinián shènzhì qiānnián ér bù dǎo, zhè jiùshì Dānbā shí diāolóu.
立百年甚至千年而不倒，这就是丹巴石碉楼。

Mùqián, zhè zhǒng shí diāolóu de yíngzào jìyì yǐjīng bèi lièrù guójiā-
目前，这种石碉楼的营造技艺已经被列入国家
jí fēi wùzhì wénhuà yíchǎn mínglù. Jiàngrén huì gēnjù lóu gāo, quèdìng dì-
级非物质文化遗产名录。匠人会根据楼高，确定地
jī de dàxiǎo hé qiáng tǐ dǐbù de hòudù, ránhòu xuǎnqǔ huò qiāodǎchū dà-
基的大小和墙体底部的厚度，然后选取或敲打出大
xiǎo héshì de shíkuài, jiāng shíkuài jiāocuòzhe lěiqìqǐlái, kòngxì chù yòng
小合适的石块，将石块交错着垒砌起来，空隙处用
niántǔ hé xiǎo shíkuài tiánchōng, bǎozhèng shíkuài diéyāde zúgòu láogù、píng-
黏土和小石块填充，保证石块叠压得足够牢固、平
zhěng.
整。

四川省の石の塔の建て方

四川省丹巴県（チベット語では「ロンタク」）は青藏高原の東側と四川盆地との間に位置します。ここは地形が複雑で、石材が豊富に採れることから、地元の人は現地の材料を用い、石積みの壁で、上が狭く下が広くなった、数十メートルの高さのある塔のような形の碉楼を建てました。こうして造られた石塔は、冬暖かく夏涼しく、地震にも強く、100 年、いや 1000 年もの間、倒れず立ち続けるほどの強度を誇ります。これが丹巴の碉楼です。

現在、この石塔の建造技術は、国家級無形文化遺産リストに登録されています。大工は、塔の高さに基づいて敷地面積の広さや壁の底の厚さを決め、適した大きさの石を選別したり打ち出したりした後、それを交互に積み上げます。隙間に粘土や小石を詰め、積み上げた石の壁ががっしりして、表面も平らになるように工夫しています。

音声42

学習ポイント

1 ▶造型　[名詞] 造形、物の型

Zhège gōngyìpǐn zàoxíng fēicháng yōuměi.
这个工艺品造型非常优美。 この工芸品は形が非常に美しい。

Fàxíngshī wèi wǒ zuòle yí ge zàoxíng.
发型师为我做了一个造型。 ヘアスタイリストさんが私にセットをしてくれた。

Tā pāizhào shí hěn shàncháng bǎi zàoxíng.
她拍照时很擅长摆造型。 彼女は写真を撮る時のポージングがうまい。

2 ▶合适　[形容詞] ちょうどよい、ぴったりである、具合が良い、適切だ

Zhè shuāng xié wǒ chuānzhe zhèng héshì.
这双鞋我穿着正合适。
この靴は私の足にピッタリだ。

Tā zhè jù huà shuōde bù héshì.
他这句话说得不合适。
彼のこの一言は適切ではない。

Zhège jiàgé wǒ juéde hěn héshì.
这个价格我觉得很合适。
この価格は適切だと思う。（文脈によって「お得だと思う」の意味もある）

3 ▶保证　[動詞] 保証する、保障する

Wǒmen bǎozhèng ànshí wánchéng rènwu.
我们保证按时完成任务。
時間通りに任務を完成することを保証する。

Nǐ yào zhùyì xiūxi，bǎozhèng shuìmián shíjiān.
你要注意休息，保证睡眠时间。
ちゃんと休んで、睡眠時間を確保して。

Wǒ xiàng nǐ bǎozhèng:Zàiyě bù chídào le.
我向你保证：再也不迟到了。
約束します。二度と遅刻することはありません。

3-3 四川丹巴碉楼为何高耸入云

石塔が高い理由は

まず、聴いてみましょう！

ヒント1

“Diāolóu” dōu jiànzài nǎxiē dìfang？

“碉楼”都建在哪些地方?

「碉楼」はどんな所に建てられていますか？

ヒント2

“Diāolóu” gēnjù jiànzào dìdiǎn de bùtóng，yǒu nǎxiē gōngnéng shàng de bùtóng？

碉楼”根据建造地点的不同，有哪些功能上的不同?

「碉楼」は建てられた場所によって役割がどう違いますか？

ヒント3

“Diāolóu” wèi shénme yào jiàn nàme gāo？

“碉楼”为什么要建那么高?

「碉楼」を高く建てる理由は何ですか？

単語

除了…外 chúle … wài　～を除き、～以外に
关隘 guān'ài　険悪な関所
显要 xiǎnyào　標高が高い、要衝
瞭望 liàowàng　高所から遠方を眺める、高所から敵情を視察する
烽火台 fēnghuǒtái　のろし台
界碑 jièbēi　境界標
静谧 jìngmì　静まり返っている
错落有致 cuòluò yǒuzhì　整然とはしていないが趣がある
犹如 yóurú　まるで～のようだ

音声 44

四川丹巴碉楼为何高耸入云

Nàme, diāolóu wèihé yào jiàn zhème gāo ne ? Zhè dāngrán hé tā de
那么，碉楼为何要建这么高呢？这当然和它的
gōngnéng yǒuguān. Chúle néng dǐyù níshíliú děng zìrán zāihài wài, guòqù,
功能有关。**除了**能抵御泥石流等自然灾害**外**，过去，
jiànzài guān'ài、 xiǎnyào wèizhì shang de diāolóu yǒu liàowàngtái he fēnghuǒtái de
建在关隘、显要位置上的碉楼有瞭望台和烽火台的
zuòyòng ; jiànzài cūnzhài jiāojièchù de diāolóu zé qǐ jièbēi de zuòyòng ; ér
作用；建在村寨交界处的碉楼则起界碑的作用；而
jiànzài cūnzhài lǐ de, zéshì gègè jiāzú de biāozhì suǒzài. Dāngrán,
建在村寨里的，则是各个家族的标志所在。当然，
háiyǒu yí ge yuányīn shì, diāolóu gāochù gèng kàojìn tiān、kàojìn shén, dēng-
还有一个原因是，碉楼高处更靠近天、靠近神，登
shàng jìngmì de diāolóu, néng gěi rén yǐ yuǎnlí shìsú zhī gǎn.
上静谧的碉楼，**能给人以**远离世俗之感。

Bǎi nián lái, gāosǒng de shí diāolóu hé xiāngduì dī'ǎi de Zàngzú shíqì
百年来，高耸的石碉楼和相对低矮的藏族石砌
mínjū cuòluò yǒuzhì de fēnbù zài tiányě、 héliú、 lǜ shù zhījiān, yuǎn-
民居**错落有致**地分布在田野、河流、绿树之间，远
yuǎn wàngqù, yóurú yì fú měilì de fēngjǐnghuà.
远望去，犹如一幅美丽的风景画。

石塔が高い理由は

では、なぜ石塔をこれほど高くする必要があったのでしょうか？　それは碉楼の役割そのものに関係します。昔、標高の高い要衝に建てられた碉楼には、土石流などの自然災害から守る以外にも、見張り台やのろし台としての役割がありました。集落の境目に建てられた碉楼は境界標の代わりをし、集落の中に建てられた碉楼は各一族のシンボルでした。そしてもう一つ、碉楼は高さがあることから、天や神により近づくことができるため、静かな碉楼に上がると、俗世から遠ざかった感覚になれるという理由もありました。

100 年もの間、高くそびえ立つ石塔と、それとは対照的に低く建てられているチベット族の石レンガ造りの民家は、田畑や野原、川沿い、林の間に点在し、遠くから望むと、まるで1枚の美しい風景画のように見えます。

音声 45

学習ポイント

1 ▶除了…外　～のほかに

Chúle xǐhuan chàng Zhōngwén gē wài, wǒ hái xǐhuan kàn Zhòngguó de diànshìjù.
除了喜欢唱中文歌外，我还喜欢看中国的电视剧。
中国語の歌のほかに、中国ドラマも好き。

Duì zhè jiàn shì, wǒ chúle shēngqì wài, háiyǒu yìxiē nánguò.
对这件事，我除了生气外，还有一些难过。
この件で、私には怒り以外に、悲しい気持ちもある。

Shēngbìng zhīhòu, chúle yào chī yào wài, gèng yào hǎohāo xiūxi.
生病之后，除了要吃药外，更要好好休息。
病気になったら、薬はもちろん、ちゃんと休むことも大事。

2 ▶给人以…　人に～を与える、目的語は抽象名詞の場合が多い

Xiāngzhāngshù yùyùcōngcōng, gěi rén yǐ zhāoqì péngbó de gǎnjué.
香樟树郁郁葱葱，给人以朝气蓬勃的感觉。
クスノキが生い茂り，はつらつとした気持ちになる。

Lìshǐ yánjiū kěyǐ gěi rén yǐ shēnkè de qǐdí.
历史研究可以给人以深刻的启迪。
歴史を研究することで深い啓発が得られる。

Zhè jiā yīyuàn gěi rén yǐ zhěngjié yǒuxù de yìnxiàng.
这家医院给人以整洁有序的印象。
この病院はきちんと整っていて清潔な印象だ。

3 ▶错落有致　［形容詞］入り交じって調和のとれた趣がある

Shānpō de shang tītián cuòluò yǒuzhì.
山坡上的梯田错落有致。山の斜面にある段々畑は不揃いで趣がある。

Qīng shíbǎn cuòluò yǒuzhì de pū xiàng xiǎoxiàng de lìng yì tóu.
青石板错落有致地铺向小巷的另一头。
青の石板は入り交じって路地の向こうまで続いていた。

Huātán lǐ gèsè yuèjì dàxiǎo bù yī、cuòluò yǒuzhì.
花坛里各色月季大小不一、错落有致。
花壇の色とりどりのバラが大きさも植え方も絶妙で味わいがある。

3-4 广东开平碉楼的特征

広東省開平県の「碉楼」の特徴

まず、聴いてみましょう！

ヒント1

Guǎngdōng de “diāolóu” zuìdà de tèzhēng shì shénme ?

广东的“碉楼”最大的特征是什么?

広東の「碉楼」の最大の特徴は何ですか？

ヒント2

Dāngshí rénmen wèi shénme yào jiànzào “diāolóu” ?

当时人们为什么要建造“碉楼”？

当時の人はなぜ「碉楼」を建てたのですか？

ヒント3

Kāipíng xiàn de diāolóu yǒu nǎxiē zhǒnglèi ?

开平县的碉楼有哪些种类?

開平県の「碉楼」はどんな種類がありますか？

単語

番 fān　（景観、様子などについて）一種の

明明 míngmíng　明らかに、確かに

独具一格 dú jù yì gé　独特の風格がある

华侨 huáqiáo　華僑（中国国籍を保持したまま海外に在住する中国人）

清末民初 qīngmò mínchū　清末民初（清朝末期・中華民国初期）

纷纷 fēnfēn　次々と、続々と

枪孔 qiāng kǒng　銃眼

音声 47

广东开平碉楼的特征

Tóngyàng míng wéi diāolóu, dàn Guǎngdōng Kāipíng xiàn de diāolóu mínjū què shì
同样名为碉楼，但广东开平县的碉楼民居却是
lìng yì fān miànmào. Tāmen míngmíng shì bǎinián qián de lǎo fángzi, què qiángliè
另一番面貌。它们明明是百年前的老房子，却强烈
de rónghéle Zhōng-Xīfāng de jiànzhù fēnggé, yǒu zhǒng dú jù yì gé de měi.
地融合了中西方的建筑风格，有种独具一格的美。

Kāipíng wèiyú Zhōngguó Guǎngdōng Zhūjiāng Sānjiǎozhōu xīnán bù, shì zhùmíng
开平位于中国广东珠江三角洲西南部，是著名
de huáqiáo zhī xiāng. Qīngmò mínchū shí, xǔduō dāngdìrén fù Nányáng、Běiměi、
的华侨之乡。清末民初时，许多当地人赴南洋、北美、
Àozhōu zuò gōng. Wèile fáng hóng、fáng fěi, bǎohù jiājuàn ānquán, qiáomín-
澳洲做工。为了防洪、防匪，保护家眷安全，侨民
men fēnfēn xīngjiàn “jū shǒu jiān néng” de diāolóu. Qízhōng, yòngyú jūnshì
们纷纷兴建“居守兼能”的碉楼。其中，用于军事
fángyù de “zhònglóu”, qiángtǐ hòudù dá 40 gōngfēn, hái shè yǒu tiě chuāng
防御的“众楼”，墙体厚度达 40 公分，还设有铁窗
hé qiāngkǒng, shífēn jiāngù; ér yòngyú dàjiāzú jūzhù de “jūlóu”,
和枪孔，十分坚固；而用于大家族居住的“居楼”，
zé gèngjiā měiguān、shūshì.
则更加美观、舒适。

広東省開平県の「碉楼」の特徴

同じ「碉楼」でも，広東省開平県の碉楼民家はまた別の様相を呈しています。確かに100年前の古い建物なのですが、中・洋両方の建築様式が見事に融合し、独特の美を有する楼閣建築を確立しているのです。

開平県は広東省の珠江デルタ南西部に位置していて、有名な華僑の里です。清末民初、多くの現地人が、生き延びるために南洋（東南アジア）、北米、オーストラリアに出稼ぎに行きました。そして洪水や盗賊から一族の身を守るため、華僑らは次々と住居と要塞を兼ね備えた楼閣を建設しました。その中でも、軍事的防衛目的の「衆楼」は壁の厚さが40センチメートルと非常に頑丈で、鉄格子の窓と銃眼も備わっています。一方、大家族で住むための「居楼」はより美しくて快適です。

音声48

学習ポイント

1 ▶明明…却　明らかに～のに

Tā míngmíng xǐhuan wǒ, què bù kěn shuōchūlai.
他明明喜欢我，却不肯说出来。
彼は明らかに私のことが好きなのに、なかなか言葉にしてくれない。

Wǒ míngmíng sǎole mǎ, diànzhǔ què méi shōudào qián.
我明明扫了码，店主却没收到钱。
確かにバーコードをスキャンしたのに，支払いができていなかったという。

Fúwùyuán míngmíng dàoqiànle, kèrén què háishi bù mǎnyì.
服务员明明道歉了，客人却还是不满意。
店員はきちんと謝ったのに、客はまだ腹の虫がおさまらないようだ。

2 ▶纷纷　［副詞］多人数の動作が絶え間がない、続々と続く、次から次へと続く

Xiàbān hòu, rénmen fēnfēn zǒuchū bàngōnglóu.
下班后，人们纷纷走出办公楼。
退勤後、人々が続々とオフィスビルから出てくる。

Wǒde dàxué tóngxué fēnfēn jiéhūn shēngzǐ le.
我的大学同学纷纷结婚生子了。
大学の同級生が続々と結婚し子供を生んでいる。

Wǒmen fēnfēn líkāile gùxiāng.
我们纷纷离开了故乡。
我々は次から次へとふるさとを旅立った。

3 ▶用于　～に使う

Zhè shì yòngyú duìkàng xīnxíng bìngdú de yìmiáo.
这是用于对抗新型病毒的疫苗。これは新型ウイルスに使うワクチンだ。

Xuéxí shíjiān bú yào yòngyú wán yóuxì.
学习时间不要用于玩游戏。勉強時間をゲーム遊びに費やしてはいけない。

Zhè shì yòngyú qǐngkè de jīngfèi.
这是用于请客的经费。これは接待用の経費だ。

3-5 开平碉楼的存在意义

開平県の「碉楼」の存在意義

まず、聴いてみましょう！

ヒント1

"Ruìshílóu" de tèzhēng shì shénme ?

“瑞石楼”的特征是什么?

「瑞石楼」の特徴は何ですか？

ヒント2

Kāipíng xiàn xiànzài yǒu duōshǎo zuò “diāolóu” ?

开平县现在有多少座“碉楼”？

開平県には、現在「碉楼」がいくつがありますか？

ヒント3

“Kāipíng diāolóu” de cúnzài xiàngzhēngzhe shénme ?

“开平碉楼”的存在象征着什么?

開平県の「碉楼」の存在は何を象徴していますか？

単語

廊柱 láng zhù　廊下の柱

拜占庭 Bàizhàntíng　ビザンチン様式

穹顶 qióngdǐng　ドーム形の天井

题字 tízì

（記念・祝福のために）言葉・文字を書き記す、揮毫（きごう）する、文字が記された額、文字が記された額

奢华 shēhuá　豪華だ、贅沢だ

兵荒马乱 bīnghuāng-mǎluàn　戦争で世の中が乱れている光景

颠沛流离 diānpèi-liúlí　困窮して一家離散する、落ちぶれて流浪する

映衬 yìngchèn　映える、引き立つ

闻名遐迩 wénmíng xiá'ěr　あまねく名を知られている、かの有名な

音声 50

开平碉楼的存在意义

以《Yǐ》“开平第一楼”《“Kāipíng dì-yī lóu”》锦江里瑞石楼《Jǐnjiānglǐ Ruìshílóu》为例《wéi lì》，它不仅《tā bùjǐn》融合了《rónghéle》爱奥尼克风格《Ài'àoníkè fēnggé》的廊柱《de láng zhù》、拜占庭的穹顶《Bàizhàntíng de qióngdǐng》，还体《hái tǐ-》现了中国的风水观《xiànle Zhōngguó de fēngshuǐguān》，并配上了中式的题字和传统装《bìng pèishàngle zhōngshì de tízì hé chuántǒng zhuāng-》饰《shì》，整个风格又奢华又独特《zhěnggè fēnggé yòu shēhuá yòu dútè》。

可以说《Kěyǐ shuō》，很少有什么地方会像开平碉楼这样《hěn shǎo yǒu shénme dìfang huì xiàng Kāipíng diāolóu zhèyàng》，既是兵荒马乱的投影《jìshì bīnghuāng-mǎluàn de tóuyǐng》，又是荣华富贵的证明《yòu shì rónghuá fùguì de zhèngmíng》，既是《jìshì》颠沛流离的符号《diānpèi-liúlí de fúhào》，又是氏族凝聚的丰碑《yòu shì shìzú níngjù de fēngbēi》。

目前《Mùqián》，开平碉楼共有 1833 座《Kāipíng diāolóu gòngyǒu 1833 zuò》，它们与周边的《tāmen yǔ zhōubiān de》村落、稻田相互映衬《cūnluò、dàotián xiānghù yìngchèn》，成了一道沉静、美丽的景观《chéngle yídào chénjìng、měilì de jǐngguān》。2007 年《2007 nián》，这里被联合国教科文组织列入《zhèlǐ bèi Liánhéguó jiàokēwén zǔzhī lièrù》《世界遗《Shìjiè yí-》产名录《chǎn mínglù》》，成为了闻名遐迩的旅游热点《chéngwéile wénmíng xiá'ěr de lǚyóu rèdiǎn》。

開平県の「碉楼」の存在意義

「開平第一樓」と呼ばれる「錦江里の瑞石楼」を例として、イオニア様式の柱、ビザンチン様式のドーム型天井に、中国の風水観も体現しているだけでなく、中国式の額や伝統装飾も配し、全体的に豪華絢爛で独特な雰囲気を醸し出しています。

開平県の碉楼のように、社会の混乱を反映しつつも富と栄華の証であるような、一家離散の象徴でありながらも一族の団結を誇示するようなものはほとんど見られないと言えます。

現在、開平県の碉楼は合計で1,833棟残っていて、周辺の村落や田畑と引き立て合いながら、ひっそりと美しい景観を成しています。この碉楼群は2007年にユネスコ世界遺産リストに登録され、広く知られた観光スポットとなりました。

音声 51

学習ポイント

1 ▶配　［動詞］合わせる、似合う

Zhè tiáo lǐngdài hé zhè jiàn chènshān bú pèi.
这条领带和这件衬衫不配。このネクタイはこのシャツに合わない。

Wǒ pèibushàng tā.
我配不上她。私は彼女に釣り合わない。

Zhè dào cài hěn shìhé pèi jiǔ.
这道菜很适合配酒。この料理はお酒のつまみとして合う。

2 ▶既是…又是…　～でもあり～でもある
（前後の目的語は類語の場合も、反義語の場合もある）

Zhècì bǐsài duì dàjiā láishuō, jìshì tiǎozhàn, yòu shì jīyù.
这次比赛对大家来说，既是挑战，又是机遇。
今回の試合は、皆さんにとって、チャレンジでもあり、チャンスでもある。

Tā shuōde huà, jìshì duì wǒ de biāncè, yòu shì duì wǒ de gǔlì.
他说的话，既是对我的鞭策，又是对我的鼓励。
彼の言葉は私への刺激でもあり、励みでもある。

Wǒmen de xiāngyù, jìshì yì zhǒng ǒurán, yòu shì yì zhǒng bìrán.
我们的相遇，既是一种偶然，又是一种必然。
私たちの出会いは偶然でもあり、必然でもある。

3 ▶映衬　［動詞］引き立てる

Hóng zhuān huáng wǎ xiānghù yìngchèn, shífēn piàoliang.
红砖黄瓦相互映衬，十分漂亮。
赤レンガと黄色い屋根瓦が、引き立て合い、とても美しい。

Méihuā zài báixuě de yìngchèn xià, xiǎnde gèngjiā jiāoyàn le.
梅花在白雪的映衬下，显得更加娇艳了。
梅が雪で引き立ち、より鮮やかで可愛く見える。

Yuèguāng yìngchènzhe tāde liǎnpáng, ràng tā xiǎnde gèngjiā wēnróu le.
月光映衬着她的脸庞，让她显得更加温柔了。
彼女の顔は月の光に引き立ち、ますます優しく見える。

音声52

3-6 神奇的福建土楼

福建省の不思議な土楼

まず、聴いてみましょう！

ヒント1

“Fújiàn tǔlóu” de jiànshèzhě shì nǎlǐ de shénmerén ?

“福建土楼”的建设者是哪里的什么人?

「福建土楼」の建設者はどこの誰ですか？

ヒント2

Wèi shénme jiànchéngle “tǔlóu” de xíngzhuàng ?

为什么建成了“土楼”的形状?

なぜ「土楼」の形にしたのですか？

ヒント3

“Tǔlóu” shì zěnme jiànzàochūlái de ?

“土楼”是怎么建造出来的?

「土楼」はどうやって建てられたのですか？

単　語

圈 quān　円、輪。輪を成している物の数を数える量詞

套 tào　覆う、かぶせる、重ねる

沧桑 cāngsāng　世の激しい移り変わり、大きな変化

具 jù　備える

风韵 fēngyùn　あでやかな容姿

以 A 为 B yǐ A wèi B　A を B にする

墙枋 qiángfāng　土壁を造るために用いる板の枠

铺 pū　敷く

反复 fǎnfù　何度も、繰り返し

捶打 chuídǎ　叩く

音声 53

神奇的福建土楼

“高《Gāo》四《sì》层《céng》，楼《lóu》四《sì》圈《quān》，上上《shàngshàng》下下《xiàxià》四《sì》百《bǎi》间《jiān》。圆《Yuán》中《zhōng》圈《quān》，圈《quān》套《tào》圈《quān》，历经《lìjīng》沧桑《cāngsāng》三《sān》百《bǎi》年《nián》。”这《Zhè》圈圈《quānquān》圆圆《yuányuán》说的《shuōde》就是《jiùshi》极《jí》具《jù》中国《Zhōngguó》风韵《fēngyùn》魅力《mèilì》的《de》福建《Fújiàn》土《tǔ》楼《lóu》。

几《Jǐ》百《bǎi》年《nián》前《qián》，黄河《Huánghé》流域《liúyù》的《de》百姓《bǎixìng》经过《jīngguò》多次《duōcì》迁徙《qiānxǐ》，来《lái》到《dào》福建《Fújiàn》西南部《xīnánbù》的《de》山区《shānqū》。为了《Wèile》守护《shǒuhù》家园《jiāyuán》，防御《fángyù》匪患《fěihuàn》、猛兽《měngshòu》，迁徙《qiānxǐ》而《ér》来《lái》的《de》中原人《Zhōngyuánrén》开始《kāishǐ》改变《gǎibiàn》居住《jūzhù》方式《fāngshì》，他们《tāmen》以《yǐ》房《fáng》为《wéi》墙《qiáng》，建造了《jiànzàole》用《yòng》土墙《tǔqiáng》围成《wéichéng》的《de》方形《fāngxíng》、圆形《yuánxíng》的《de》土楼《tǔlóu》。

福建《Fújiàn》土楼《tǔlóu》的《de》施工《shīgōng》也《yě》是《shì》就地《jiùdì》取材《qǔcái》。工匠们《Gōngjiàngmen》事先《shìxiān》用《yòng》木夹板《mùjiābǎn》做成《zuòchéng》墙枋《qiángfāng》，在《zài》墙枋《qiángfāng》内《nèi》，铺满《pūmǎn》从《cóng》山上《Shānshang》挖来《wālái》的《de》石《shí》块《kuài》、红土《hóngtǔ》、树皮《shùpí》，然后《ránhòu》反复《fǎnfù》捶打《chuídǎ》，直到《zhídào》土块《tǔkuài》结实《jiēshí》坚固《jiāngù》，撤走《chèzǒu》墙枋《qiángfāng》后《hòu》，一《yí》段《duàn》土墙《tǔqiáng》就《jiù》做好《zuòhǎo》了《le》。以此《Yǐcǐ》类推《lèituī》，就《jiù》可《kě》以《yǐ》逐渐《zhújiàn》堆砌《duīqì》出《chū》巨大《jùdà》的《de》土墙《tǔqiáng》。

福建省の不思議な土楼

「高四层，楼四圈，上上下下四百间。圆中圈，圈套圈，历经沧桑三百年。(4階建てで4重の楼、上下合わせて400部屋。円の中に輪があり、輪に輪を重ね、激動の300年を見つめてきた。)」ここに出てくる円や輪が、正に極めて中国らしいあでやかな魅力を備えた福建省の土楼のことです。

数百年前、黄河流域に暮らしていた人々は何度も移動を繰り返し、最終的に福建省南西部の山岳地帯にたどり着きました。盗賊や猛獣から自分たちの住処を守るため、中原出身の彼らは居住方法を変え，部屋を囲いにすることを思いつきました。こうして、土壁で囲まれた方形や円形の土楼が生まれたのです。

福建省の土楼も現地で調達できる材料で造られています。まず最初に、合板に土を挟み込んで土壁を造るのですが、合板の間には、山から掘ってきた石や赤土、樹皮などをぎっしり敷き詰めます。それを何度も叩いて、土の塊を固く丈夫にし、合板を外します。これを繰り返して、徐々に巨大な土壁ができあがっていくのです。

音声54

学習ポイント

1 ▶以…为…　~をもって~とする

Tā yǐ dì wéi xí，yǐ tiān wéi bèi.
他以地为席，以天为被。 彼は地面をベッドとし、天を布団とする。

Qǐng yǐcǐ wéi zhǔn.
请以此为准。 これをルールにしてください。[これに従ってください。]

Yǐ tā wéi shǒu de yuètuán chūdào le.
以他为首的乐团出道了。 彼をリーダーとするグループがデビューした。

2 ▶反复　[副詞] 繰り返す

Zhè shìr tā fǎnfù de shuōle hǎojǐ cì.
这事儿她反复地说了好几次。
この件を、彼女は何度も繰り返し言った。

Wǒ zài fǎnfù sīkǎo yào bú yào qù guówài gōngzuò.
我在反复思考要不要去国外工作。
海外で仕事するかどうかを繰り返し考えている。

Bié fǎnfǎn fùfù de wèn le，wǒ dōu fán le.
别反反复复地问了，我都烦了。
何度も何度も同じことを聞かないで。うんざりだ。

3 ▶直到　[動詞] ~まで~、ずっと~
(“一直到”の略、時間やタイミングを表す言葉がよく後にくる)

Niángāo yào fǎnfù chuídǎ，zhídào chǎnshēng niánxìng.
年糕要反复捶打，直到产生粘性。
お餅は粘りが出てくるまで、何度もつかなければならない。

Cáocāo wèi shénme zhídào qùshì dōu méiyǒu chēng dì ?
曹操为什么直到去世都没有称帝?
曹操はなぜ死ぬまで皇帝にならなかったのか?

Wǒ zhídào jīntiān cái zhīdào nǐ bú shì Zhōngguórén.
我直到今天才知道你不是中国人。
今まであなたのことを中国人だと思っていた。[今日になるまであなたが中国人ではないということを知らなかった。]

音声 55

3-7 传统民居的现在

古民家の現在

まず、聴いてみましょう！

ヒント 1

“Tǔlóu” yǒu duō jiāngù ?

“土楼”有多坚固?

「土楼」はどのくらい丈夫ですか？

ヒント 2

“Tǔlóu” wèi shénme chóngxīn rènaoqǐlái le ?

“土楼”为什么重新热闹起来了?

「土楼」が活気を取り戻しているのはなぜですか？

ヒント 3

Zhōngguó háiyǒu nǎxiē chuántǒng mínjū ?

中国还有哪些传统民居?

中国にはほかにどんな伝統的な民家がありますか？

単語

钢筋水泥 gāngjīn shuǐní　鉄筋コンクリート

输 shū　負ける、劣る

得当 dédàng　適切である、妥当である

诸如 zhūrú　例えば～のような

音声56

传统民居的现在

别看《Biékàn》材料《cáiliào》普通《pǔtōng》、造法《zàofǎ》朴素《pǔsù》，土楼《tǔlóu》的《de》坚固《jiāngù》程度《chéngdù》却《què》远超《yuǎnchāo》钢筋《gāngjīn》水泥《shuǐní》，抗《kàng》风《fēng》、抗《kàng》震《zhèn》能力《nénglì》也《yě》不《bù》输《shū》当代《dāngdài》建筑《jiànzhù》，维护《wéihù》得当《dédàng》，更《gèng》可以《kěyǐ》屹立《yìlì》数《shù》百年《bǎinián》不《bù》倒《dǎo》。

申遗《Shēn yí》成功《chénggōng》后《hòu》，世界《shìjiè》各地《gèdì》的《de》人《rén》纷纷《fēnfēn》来访《láifǎng》土楼《tǔlóu》，走《zǒu-》出去《chūqù》的《de》年轻人《niánqīngrén》也《yě》重《chóng》回《huí》土楼《tǔlóu》，土楼《tǔlóu》民居《mínjū》如今《rújīn》也《yě》重新《chóngxīn》热《rè-》闹了起来《naoleqǐlái》。

除了《Chúle》以上《yǐshàng》这些《zhèxiē》，中国《Zhōngguó》还《hái》存在着《cúnzàizhe》许多《xǔduō》诸如《zhūrú》陕西《Shǎnxī》窑《yáo-》洞《dòng》、北京《Běijīng》四合院《sìhéyuàn》、侗族《Dòngzú》鼓楼《gǔlóu》等《děng》其他《qítā》类型《lèixíng》的《de》民居《mínjū》，希《xī-》望《wàng》大家《dàjiā》有《yǒu》机会《jīhuì》一定《yídìng》要《yào》去《qù》中国《Zhōngguó》、去《qù》各类《gèlèi》传统《chuántǒng》民居《mínjū》走走《zǒuzǒu-》看《kàn》。

古民家の現在

ありふれた材料で、造り方も原始的とバカにしてはいけません。土楼の頑丈さは鉄筋コンクリートをはるかに上回り、耐風性も耐震性も現代建築に劣りません。適切にメンテナンスすれば、数百年経っても、崩れることはありません。

土楼が世界遺産に登録されると、世界各地の人々がこぞって土楼を訪れるようになり、一度は出て行った若い世代も土楼に戻り、民家としての土楼は、またにぎやかさを取り戻しています。

中国には上で紹介した以外にも、陝西省の窰洞、北京の四合院、トン族の鼓楼のように、まだまだ多様な民家があります。機会があれば皆さんもぜひ中国でいろいろな伝統的民家を見て回ってはいかがでしょうか。

音声57

学習ポイント

1 ▶ 別看　［譲歩関係を表す接続詞］～とはいえ、～だけど、物事のある面だけを見てはいけないというニュアンスで使う

Biékàn tā píngcháng bú rènzhēn，dàn kǎoshì chéngjì zǒngshi hěn hǎo.
别看他平常不认真，但考试成绩总是很好。
彼は普段不真面目そうに見えるけど、試験の成績はいつもいい。

Biékàn tā zhème néngshuō-huìdào，dàn méi shénme xíngdònglì.
别看他这么能说会道，但没什么行动力。
彼は口はうまいが、行動力はあまりない。

Biékàn wǒ xiànzài zhèyàng，wǒ yǐqián kě shì Àoyùnhuì cānsài xuǎnshǒu ne !
别看我现在这样，我以前可是奥运会参赛选手呢！
今私はこんなんだけど、昔はオリンピック選手だったんだよ。

2 ▶ 远　［副詞］はるかに～、比較の文脈で使われる

Wǒ de Yīngyǔ shuōde yuǎn bùrú tā.
我的英语说得远不如他。私の英語は彼には全然及ばない。

Nǐde shēntǐ zhīfáng hánliàng yuǎn dīyú píngjūn shuǐpíng.
你的身体脂肪含量远低于平均水平。あなたの体脂肪率は平均よりはるかに低い。

Zhège yuè de xiāoshòu'é yuǎn chāo yùqī.
这个月的销售额远超预期。今月の売上は予想をはるかに超えた。

3 ▶ 得当　［形容詞］当を得る、適切だ

＊反義語：不得当、不当

Duì kējì de shǐyòng yídìng yào dédàng.
对科技的使用一定要得当。
科学技術の利用は適切でなければならない。

Xuéshengmen zhījiān de zhēngduān rúguǒ chǔlǐ búdàng，huì shānghài háizi de zìzūnxīn.
学生们之间的争端如果处理不当，会伤害孩子的自尊心。
学生同士のけんかをうまく処理できなければ、子供のプライドを傷つける。

Jiàshǐyuán duì shìgù yìngduì dédàng，chéngkè wú yī shòushāng.
驾驶员对事故应对得当，乘客无一受伤。
運転手の事故の対処がうまく、乗客に負傷者は一人もいなかった。

第 4 課

中国的“猫经济”和 90 后的猫奴生活

中国の「ネコノミスクス」と「90 後」たちの猫のしもべ生活

4-1
猫在中国有多受欢迎?
中国での猫の人気ぶり

4-2
中国年轻人为什么养猫不养狗?
中国の若者は犬派より猫派のわけは？

4-3
猫咪用品有哪些?
猫グッズはどんな物がある？

4-4
“猫奴们”的日常
「猫のしもべ」たちの日常

4-5
我们为什么养猫?
我々はなぜ「猫のしもべ」になったのか？

4-6
中国年轻人和猫咪的未来
中国の若者と愛猫の未来

音声 58

4-1 猫在中国有多受欢迎?

中国での猫の人気ぶり

まず、聴いてみましょう！

ヒント1

“Māo” zài Zhōngguó de niánqīngrén zhōng yǒu duō shòu huānyíng ?

“猫”在中国的年轻人中有多受欢迎?

「猫」は中国の若者にどのくらい人気ですか？

ヒント2

Zhōngguó chéngshì jiātíng de chǒngwù zhōng, māo hé gǒu nǎ ge gèng duō ?

中国城市家庭的宠物中，猫和狗哪个更多?

中国の都市部で飼われているペットは、猫と犬、どちらが多いですか？

ヒント3

2021 nián de tǒngjì zhōng, chéngshì jiātíng de chǒngwùmāo shùliàng dádàole duōshǎo zhī ?

2021 年的统计中，城市家庭的宠物猫数量达到了多少只?

2021 年の統計では、都市部で飼われている猫の数はどのくらいですか？

単 語

乖巧 guāiqiǎo　人に好かれる、賢い、かわいい
猫咖 māokā　猫カフェ
撸猫 lū māo　猫をなでる
吸猫 xī māo　猫にキスする、匂いをかぐ
云养猫 yún yǎng māo　エア猫を飼う、SNS などで猫を眺めて過ごす
冲击 chōngjī　衝撃、打撃、影響、ショック
欣欣向荣 xīnxīn-xiàngróng　勢いよく発展する、活況である
城镇 chéngzhèn　都市部

音声 59

猫在中国有多受欢迎?

可爱《Kě'ài》乖巧《guāiqiǎo》，又《yòu》可《kě》随身《suíshēn》携带《xiédài》的《de》宠物《chǒngwù》猫咪《māomī》，越来越《yuèláiyuè》受到《shòudào》年轻人《niánqīngrén》的《de》喜爱《xǐ'ài》。养《Yǎng》猫《māo》、去《qù》猫咖《māokā》，“撸《lū》猫《māo》”、“吸《xī》猫《māo》”、“云《yún》养《yǎng》猫《māo》”，成为《chéngwéi》许多《xǔduō》年轻人《niánqīngrén》的《de》日常《rìcháng》。近年来《Jìnniánlái》，“猫《māo》经济《jīngjì》”在《zài》中国《Zhōngguó》发展《fāzhǎn》势头《shìtóu》良好《liánghǎo》，**即便**《jíbiàn》在《zài》疫情《yìqíng》期间《qījiān》，**也**《yě》没有《méiyǒu》受到《shòudào》太《tài》大《dà》的《de》冲击《chōngjī》，**反而**《fǎn'ér》**越发**《yuèfā》欣欣向荣《xīnxīn-xiàngróng》了《le》。

2022 年《2022 nián》，“派读《Pàidú》宠物《chǒngwù》行业《hángyè》大数据《dàshùjù》平台《píngtái》”调查《diàochá》、发布《fābù》了《le》《2021 年《2021 nián》中国《Zhōngguó》宠物《chǒngwù》行业《hángyè》白皮书《báipíshū》》。数据《Shùjù》表明《biǎomíng》，2021 年《2021 nián》，中国《Zhōngguó》城镇《chéngzhèn》家庭《jiātíng》中《zhōng》，宠物《chǒngwù》猫《māo》的《de》数量《shùliàng》达到《dádào》了《le》5806 万《5806 wàn》只《zhǐ》，超过了《chāoguòle》宠物《chǒngwù》犬《quǎn》的《de》5429 万《5429 wàn》只《zhǐ》，成为《chéngwéi》中国《Zhōngguó》城镇《chéngzhèn》地区《dìqū》饲养《sìyǎng》数量《shùliàng》最多《zuìduō》的《de》宠物《chǒngwù》。

中国での猫の人気ぶり

かわいくて利口で、(小さくて) どこにでも連れていけるペット、猫。今、若い世代の間で、猫の人気がどんどん高まっています。多くの若者が、猫を飼い、猫カフェに行き、「猫をなでる」、「猫にキスする」、「エア猫を飼う」ことを、日常としています。最近、中国で大きく発展した「ネコノミクス (猫に関連する産業)」は、コロナ禍でも、あまり打撃を受けることなく、むしろさらに盛況になっています。

「派読 (PetHadoop) ペット業界ビッグデータプラットフォーム」が2022年に発表した「2021年中国ペット業界白書」によれば、中国の都市部の家庭で飼育されているペットのうち、猫が5,806万匹と、犬の5,429万匹を抜いて、中国の都市部における飼育数最多のペットに躍り出ました。

音声60

学習ポイント

1 ▶即便…也…　たとえ~ても

Jíbiàn nǐ shuōde duì, yě yīnggāi zhùyì tàidù.
即便你说的对，也应该注意态度。
あなたの言うことが正しくても、態度には気をつけるべきだ。

Jíbiàn láidejí, yě háishi jǐnkěnéng zǎo yìdiǎn qù ba.
即便来得及，也还是尽可能早一点去吧。
間に合うかもしれないけれど、やっぱり少しでも早く行きなさい。

Jíbiàn shì tā zhème cōngmíng de rén, yě huì fàn yìxiē dījí cuòwù.
即便是他这么聪明的人，也会犯一些低级错误。
彼のような賢い人でも、単純なミスを犯してしまうものだ。

2 ▶反而　［副詞］予想に反して、かえって、逆に

Dōngxi dàide tài duō, fǎn'ér chéngle léizhuì.
东西带得太多，反而成了累赘。
荷物が多すぎて、かえって負担になってしまった。

Tā tīngle lǎoshī de biǎoyáng, fǎn'ér bù hǎoyìsi le.
他听了老师的表扬，反而不好意思了。
先生の褒め言葉を聞いて、彼は逆に恥ずかしかった。

Míngmíng shì tā zuòcuòle, kě tā búdàn bú dàoqiàn, fǎn'ér tàidù gèng chà le.
明明是他做错了，可他不但不道歉，反而态度更差了。
明らかに彼が悪いことをしたのに、謝ることもなく、かえって態度がさらに悪くなった。(逆ギレした)

3 ▶越发　［副詞］ますます、よりいっそう（程度が高まることを表す）

Zhǎngdà hòu, Xiǎolán yuèfā piàoliang le.
长大后，小兰越发漂亮了。成長に連れて、蘭さんはますますきれいになった。

Tā shòule gǔlì, gōngzuò yuèfā nǔlì le.
他受了鼓励，工作越发努力了。
励まされたからか、彼はますます仕事を頑張るようになった。

Shēngle yì chǎng dà bìng hòu, tāde liǎnsè yuèfā cāngbái le.
生了一场大病后，她的脸色越发苍白了。
大きな病気の後、彼女の顔色はますます青白くなった。

4-2 中国年轻人为什么养猫不养狗?

中国の若者は犬派より猫派のわけは？

まず、聴いてみましょう！

ヒント1

Māo de zhǔrén háiyǒu yí ge shénme míngzi ?

猫的主人还有一个什么名字?

猫の飼い主、別の呼び名は何ですか？

ヒント2

“Yīxiàn chéngshì” zhǐ de shì shénme ?

“一线城市” 指的是什么?

「一線都市」とは何ですか？

ヒント3

Wèi shénme dàchéngshì de niánqīngrén bǐqǐ yǎng gǒu gèng xǐhuan yǎng māo ?

为什么大城市的年轻人比起养狗更喜欢养猫?

なぜ大都市の若者は犬より猫を飼うのが好きなのですか？

単語

铲屎官 chǎnshǐguān　フンの始末係、犬や猫の飼い主
年龄段 niánlíngduàn　世代、年齢層
一线城市 yīxiàn chéngshì　北京・上海・広州・深センをはじめとする大都市
遛 liù　散歩する、散歩させる
粘人 niánrén　甘える、まとわり付く
陪伴 péibàn　相手をする、そばにいてくれる
适合 shìhé　適している、向いている
打拼 dǎpīn　奮闘する、必死に頑張る

音声 62

中国年轻人为什么养猫不养狗?

Yǒu diàochá xiǎnshì, yǎng māo de “chǎnshǐguān” zhōng, “90 hòu”
有调查显示，养猫的“铲屎官”中，“90 后”
de bǐlì yuǎnyuǎn gāochū qítā niánlíngduàn, ér BěiShàngGuǎngShēn děng yīxiàn chéng-
的比例远远高出其他年龄段，而北上广深等一线城
shì gèngshi zhǔyào de yǎng māo chéngshì. Xiāngbǐ yú yǎng gǒu, niánqīngrén gèng xǐ-
市更是主要的养猫城市。相比于养狗，年轻人更喜
huan yǎng māo, yīnwèi māo bú yòng hěn dà de huódòng kōngjiān, yě bú yòng liù.
欢养猫，因为猫不用很大的活动空间，也不用遛。
Zài Běijīng gōngzuò de niánqīngrén “Bǎnlì” jiù biǎoshì, tā zài Cháoyáng qū
在北京工作的年轻人“板栗”就表示，他在朝阳区
Běiyuàn zū de fángzi, yuè zū 4500 yuán, què zhǐyǒu 35 píngmǐ, yǎng
北苑租的房子，月租 4500 元，却只有 35 平米，养
gǒu hěn bú xiànshí. Lìngwài, xiāngbǐ gǒu de niánrén, māomī bù xūyào guò-
狗很不现实。另外，相比狗的粘人，猫咪不需要过
duō de péibàn, gèngjiā shìhé zài wàimian dǎpīn、 xūyào jīngcháng jiābān de
多的陪伴，更加适合在外面打拼、需要经常加班的
niánqīngrén.
年轻人。

中国の若者は犬派より猫派のわけは？

別の調査結果によれば、猫の「飼い主」のうち、「90後」の割合はほかの年齢層を大きく上回っていて、なかでも北京・上海・広州・深センといった「一線都市」に集中しています。若い人が犬より猫を好む理由は、広いスペースも、散歩も必要ないことが挙げられます。北京で働く板栗さんは、朝陽区北苑の4,500元の賃貸に暮らしていますが、広さは35㎡しかないので、犬を飼うことは断念しました。犬は甘えん坊で常に人のそばにいたがるのに対して、猫はそこまで構ってやる必要はない点も、外で働き、残業も多い若者に向いていると言えます。

＊《2021年中国宠物行业白皮书》（「2021年中国ペット業界白書」）によると、中国のペットの飼い主は「90後」が一番多く、全体の46.3%を占めている。

音声63

学習ポイント

1 ▶相比于…更…　～と比較して、～の方がより～だ

Xiāngbǐ yú hǎixiān, wǒ gèng xǐhuan chī niúyángròu.
相比于海鲜，我更喜欢吃牛羊肉。
魚より、牛肉や羊肉を食べるのが好きだ。

Xiāngbǐ yú zài dà gōngsī jiùyè, wǒ gèng xiǎng zìjǐ chuàngyè.
相比于在大公司就业，我更想自己创业。
大手企業に就職するより、自分で起業したい。

Zài zé'ǒu tiáojiàn fāngmiàn, xiāngbǐ yú shōurù, wǒ gèng kànzhòng duìfāng de xìnggé.
在择偶条件方面，相比于收入，我更看重对方的性格。
配偶者選びでは、収入より、人柄をより重視する。

2 ▶适合　[動詞]（実際の状況や客観的な要求に）合う、適切である

Zhège juésè fēicháng shìhé tā.
这个角色非常适合他。この役は彼にピッタリだ。

Wǒ juéde nǐ hěn shìhé gǎo xuéshù.
我觉得你很适合搞学术。
あなたは学者にとても向いていると思う。

Yùmi bú shìhé zhòng zài niánxìng dà de nítǔ zhōng.
玉米不适合种在粘性大的泥土中。
トウモロコシの栽培は、粘度の高い土壌に合わない。

3 ▶需要　[助動詞]　～する必要がある

Shǐyòng yònghù de xìnxī qián, xūyào xiān qǔdé yònghù de tóngyì.
使用用户的信息前，需要先取得用户的同意。
利用者情報を使う前に、利用者の同意を得なければいけない。

Cái dàxué yī niánjí, bù xūyào zháojí zhǎo gōngzuò.
才大学一年级，不需要着急找工作。
大学1年生なので、仕事探しは急がなくていい。

Zhè jiàn shì wǒ xūyào zìjǐ xiǎngxiang.
这件事我需要自己想想。この件は自分で考えてみたい。

4-3 猫咪用品有哪些?

猫グッズはどんな物がある？

まず、聴いてみましょう！

ヒント1

Māo de chǒngwù yòngpǐn dōu yǒu nǎxiē ?

猫的宠物用品都有哪些?

猫グッズには、何がありますか？

ヒント2

Rénmen gòumǎi zhèxiē shāngpǐn shí zhòngshì nǎxiē fāngmiàn ?

人们购买这些商品时重视哪些方面?

猫グッズを買う際に、人々は何を重視しますか？

ヒント3

“Onekosama” de Zhōngwén shuōfǎ shì shénme ?

“お猫様”的中文说法是什么?

「お猫様」を中国語で言うと？

単語

花费 huāfèi　出費、支出、費用、お金をかける
诸如 zhūrú　例えば～などのような
吃好 chīhǎo　食事をきちんと取る、良い物を食べる
调侃 tiáokǎn　冗談を言う、からかう
的确 díquè　確かに
似乎 sìhū　～らしい、～のようである
猫爬架 māopájià　キャットタワー
逗猫棒 dòumāobàng　猫じゃらし
注重 zhùzhòng　重視する
力图 lìtú　できるだけ～しようとする、頑張って～しようと努力する

音声 65

猫咪用品有哪些?

Cóng fèiyòng de jiǎodù láishuō, yǎng māo de huāfèi kě bù bǐ yǎng gǒu shǎo.
从费用的角度来说，养猫的花费可不比养狗少。
Wǒmen néng jīngcháng zài wǎngshang kàndào zhūrú “wǒ kěyǐ bù chī, dànshi wǒ-
我们能经常在网上看到诸如“我可以不吃，但是我
de māo yídìng yào chīhǎo” “wǒ yào wèi māo zhǔzi nǔlì zhuàn shēnghuófèi”
的猫一定要吃好”“我要为猫主子努力赚生活费”
děng “māonú” tiáokǎn zìjǐ de yánlùn.
等“猫奴”**调侃**自己的言论。

Díquè, yǎng māo de rén sìhū bǐ yǎng gǒu de rén gèng yuànyì gěi chǒngwù
的确，养猫的人似乎比养狗的人更**愿意**给宠物
huāqián, tāmen chúle huì mǎi zuì jīběn de māo liáng、 māo shā zhīwài, hái
花钱，他们除了会买最基本的猫粮、猫砂之外，还
huì zài māoguàntou、māopájià、dòumāobàng、 zìdòng yǐnshuǐjī、 zìdòng
会在猫罐头、猫爬架、逗猫棒、自动饮水机、自动
wèishíqì、 zhìnéng shèxiàngtóu、júbù qīngjié gōngjù děng chǎnpǐn shang tóuzī,
喂食器、智能摄像头、局部清洁工具等产品上投资，
hái hěn zhùzhòng chǎnpǐn de qùwèixìng、gōngnéngxìng hé wàiguān, lìtú gěi “māo
还很注重产品的趣味性、功能性和外观，力图给“猫
zhǔzi” tígōng zuìhǎo de shēnghuó.
主子”提供最好的生活。

猫グッズはどんな物がある？

出費の観点から言うと、猫を飼うための費用は犬より安いということは絶対にありません。ネット上では、「自分は食べなくても、猫には必ず良い物を食べさせてやりたい」とか、「お猫様のために生活費を稼がなければ」などといった「しもべ」たちの自虐あふれるつぶやきを目にします。

確かに、猫を飼っている人の方が犬を飼っている人より、ペットにお金をかけたがる傾向があるようです。キャットフードや猫砂といった最低限の備品以外にも、猫缶、キャットタワー、猫じゃらし、自動給水器、自動給餌器、スマートカメラ、ウォッシュレットなども買い揃え、しかもユニークさや機能、見た目も重視し、「ご主人様」に最高の暮らしを提供しようと努力するのです。

音声66

学習ポイント

1 ▶可　［副詞］本当に～なのだ（予想に反する内容を強調する）

Wǒ kě méi shuōguo zhè zhǒng huà.
我可没说过这种话。私は断じてそんなことを言ったことはない。

Zhège rén kě bù jiǎndān，lǚlì fēicháng yōuxiù.
这个人可不简单，履历非常优秀。この人は本当に優秀な経歴の持ち主だ。

Zhè dìfang fángjià kěbù piányi.
这地方房价可不便宜。この辺の不動産は本当に高い。

2 ▶调侃　［動詞］言葉でからかう、人を笑う

Tā xǐhuan tiáokǎn wǒ chàng gē pǎodiào.
他喜欢调侃我唱歌跑调。
彼は、音痴の私をからかうのが好きだ。

Zhège zhǔchírén tiáokǎn jiābīn shí，zǒngshi tèbié fēngqù yōumò.
这个主持人调侃嘉宾时，总是特别风趣幽默。
この司会者がゲストをからかう時は、いつもユーモアがあって面白い。

Xiàngsheng yǎnyuán jīngcháng tōngguò tiáokǎn dādàng de fāngshì, dòuxiào guānzhòng.
相声演员经常通过调侃搭档的方式，逗笑观众。
お笑い芸人はよく相方をからかう方法で観客を笑わせる。

3 ▶愿意　［助動詞］喜んで～する

＊「主語1＋愿意＋主語2＋動詞」の形で、兼語文のマーカーとしても使う。

Nǐ yuànyì jià gěi wǒ ma？
你愿意嫁给我吗？结婚してくれますか？

Nǐ yuàn bú yuànyì qù Zhōngguó liúxué？
你愿不愿意去中国留学？中国に留学してみませんか？

Wǒ bú yuànyì biérén kàn wǒ de rìjì.
我不愿意别人看我的日记。人に日記を読まれたくない。

音声67

4-4 “猫奴们” 的日常

「猫のしもべ」たちの日常

まず、聴いてみましょう！

ヒント1

Duì “Xiǎo Zhāng” lái shuō, māomī shì shénme “shénqì” ?

对“小张”来说，猫咪是什么“神器”？

張さんにとって、猫ちゃんはどんな「神器」ですか？

ヒント2

“Mǎ nǚshì” zuìjìn yí cì wǎnggòu gěi māomī mǎile shénme ? Gěi zìjǐ mǎile shénme ?

“马女士”最近一次网购给猫咪买了什么？给自己买了什么？

馬さんは、最近オンラインショッピングで猫に何を買いましたか？　自分には？

ヒント3

“Mǎ nǚshì” juéde shénme shì “wújià de” ?

“马女士”觉得什么是“无价的”？

馬さんは、何がお金では買えない物と思っていますか？

単　語

刚刚 gānggāng　先ほど～たばかり

视频 shìpín　動画

朋友圈 Péngyǒuquān

　モーメンツ、微信（WeChat）で友人だけに投稿を公開する機能

抖音 Dǒuyīn

　抖音（Douyin）、中国版 TikTok

赞 zàn　（SNS での）「いいね」

凉鞋 liángxié　サンダル

屯 tún　蓄える、蓄積する、ストックする

开支 kāizhī　支出、支払い、出費

无价 wújià

　プライスレス、お金で買えないほど貴重な

疲惫 píbèi　疲れ、疲労

音声 68

“猫奴们”的日常

一《Yī》年前《niánqián》刚刚《gānggāng》成为《chéngwéi》猫奴《māonú》的《de》“95 后《hòu》”小张《Xiǎo Zhāng》就《jiù》表示《biǎoshì》：“我们《Wǒmen》家《jiā》猫《māo》主子《zhǔzi》**不仅**《bùjǐn》要《yào》吃得《chīde》健康《jiànkāng》，**还**要《háiyào》吃得《chīde》有趣《yǒuqù》且《qiě》适合《shìhé》拍照《pāizhào》、拍《pāi》视频《shìpín》。现在《Xiànzài》它《tā》是《shì》我《wǒ》朋友圈《Péngyǒuquān》和《hé》抖音《Dǒuyīn》的《de》‘吸《xī》赞《zàn》’神器《shénqì》。”

“90 后《hòu》”马女士《Mǎ nǚshì》则《zé》说《shuō》，最近《zuìjìn》一次《yí cì》网购《wǎnggòu》，她《tā》只《zhǐ》给《gěi》自己《zìjǐ》买了《mǎile》一《yì》双《shuāng》凉鞋《liángxié》，其余《qíyú》的《de》消费《xiāofèi》全《quán》是《shì》给《gěi》自家《zìjiā》猫咪《māomī》屯《tún》的《de》猫粮《māoliáng》、零食《língshí》和《hé》猫咪《māomī》用品《yòngpǐn》。不过《Búguò》她《tā》觉得《juéde》，**尽管**《jǐnguǎn》养《yǎng》猫《māo》开支《kāizhī》不《bù》小《xiǎo》，**但**《dàn》猫咪《māomī》的《de》陪伴《péibàn》和《hé》它《tā》带来《dàilái》的《de》快乐《kuàilè》**却**《què》是《shì》无价《wújià》的《de》。她《Tā》每天《měitiān》回到《huídào》家《jiā》，看到《kàndào》可爱《kě'ài》的《de》猫《māo》，就《jiù》感觉《gǎnjué》“一《yì》天《tiān》的《de》疲惫《píbèi》**瞬间**《shùnjiān》就《jiù》没《méi》了《le》”。

「猫のしもべ」たちの日常

1年前に「しもべ」の仲間入りを果たしたばかりの「95後」張さんは言います。「うちのご主人様には、良い物を、面白く、写真や動画『映え』するように食べてもらわないと。ご主人様関連の投稿は、モーメンツとTikTokの『いいね』量産コンテンツだから。」

「90後」の馬さんは、最近ネットで買い物をしましたが、自分の物はサンダル1足だけで、残りは全部、飼い猫用のフード、おやつ、ペット用品のストックだそうです。猫を飼っていると、ばかにならないお金が飛んでいきますが、それでも彼女は、猫の相手をすることや猫がもたらしてくれる喜びはお金では買えないと言います。毎日帰宅して、かわいい猫の顔を見ると、「1日の疲れが吹っ飛ぶ」と言います。

音声 69

学習ポイント

1 ▶不仅…还…　～だけではなく、しかも・さらに～

＊［類似表現］累加関係に使われる表現：不但 / 不仅 / 不只 / 不光…而且 / 还 / 也…

Běn diàn bùjǐn kěyǐ tángshí, hái kěyǐ wàidài.
本店不仅可以堂食，还可以外带。当店はイートインだけでなく、テイクアウトもできる。

Xiànzài mǎi, bùjǐn yǒu zèngpǐn, háiyǒu zhékòu.
现在买，不仅有赠品，还有折扣。今買うと、無料プレゼントだけではなく、割引もある。

Tā bùjǐn shì xuéshēnghuì de zhǔxí, háishì xiào bào de zhǔbiān.
他不仅是学生会的主席，还是校报的主编。
彼は生徒会会長であるだけでなく、学校新聞の編集長でもある。

2 ▶尽管…但…　（ある事実を一応認めた上）～にもかかわらず～、～だけれども～

＊“尽管”だけの場合は、副詞の「ほかのことに構わずに、思う存分に」の意。

Jǐnguǎn wǒmen rènshi de shíjiān bù cháng, dàn guānxi fēicháng hǎo.
尽管我们认识的时间不长，但关系非常好。
我々は知り合ってからあんまり経ってない（付き合いの時間は長くない）が、仲はとてもいい。

Ta jǐnguǎn yǒudiǎn shīwàng, dàn háishi xiàolexiào.
他尽管有点失望，但还是笑了笑。
彼はちょっとがっかりしたが、それでも笑顔を見せてくれた。

Jǐnguǎn jīntiān xià yǔ, dàn tā háishi zhǔnshí dàole.
尽管今天下雨，但他还是准时到了。
今日は雨だが、彼は依然として時間通りに来てくれた。

3 ▶瞬间　［副詞］一瞬で、すぐ　［名詞］瞬間

Yì tīngdào nàozhōng xiǎng, wǒ shùnjiān jiù xǐng le.
一听到闹钟响，我瞬间就醒了。アラームの音を聞くと、一瞬で目が覚めた。

Liúxīng yíshùnjiān jiù xiāoshī le.
流星一瞬间就消失了。流れ星は一瞬で消えた。

Shēngmìng zhōng yǒu hěn duō nánwàng de shùnjiān.
生命中有很多难忘的瞬间。人生には忘れられない瞬間がたくさんある。

音声 70

4-5 我们为什么养猫?

我々はなぜ「猫のしもべ」になったのか?

まず、聴いてみましょう!

ヒント1

Duì “māonú” láishuō, māomī shì shénmeyàng de cúnzài ?

对“猫奴”来说,猫咪是什么样的存在?

猫のしもべにとって、猫はどんな存在ですか?

ヒント2

“Qiūqiū” zài gōngzuò shí, tā de māomī huì zěnmeyàng ?

“秋秋”在工作时,她的猫咪会怎么样?

「秋秋」さんが仕事をしている時、彼女の猫はどうしていますか?

ヒント3

“Qiūqiū” méi yǎng māo zhīqián shì shénmeyàng de rén ?

“秋秋”没养猫之前是什么样的人?

「秋秋」さんは、猫を飼う前は、どんな人でしたか?

単　語

温馨 wēnxīn　心が温まる
趴 pā　腹ばいになる、寝そべる
一旁 yìpáng　そば、かたわら
轻手轻脚 qīngshǒu-qīngjiǎo　足音をたてないで、こっそり、そっと
之所以 zhīsuǒyǐ　～なのは～だからだ、～な理由は
跟风 gēnfēng　流行を追う
连年 liánnián　年々、毎年、何年も連続で
丁克 dīngkè　ディンクス、夫婦二人だけの世帯

音声 71

我们为什么养猫?

Duì hěn duō māonú lái shuō, māomī bùjǐn shì “zhǔzi”, gèngshì “jiā-
对很多猫奴来说，猫咪不仅是“主子”，更是“家

rén”, tāmen néng gěi rén dàilái jiā de wēnxīn. Líkāi jiāxiāng、yí ge
人”，它们能给人带来家的温馨。离开家乡、一个

rén zài Běijīng gōngzuò de “Qiūqiū” jiù shuō：“Māo hǎoxiàng quánshēnxīn ài-
人在北京工作的“秋秋”就说：“猫好像全身心爱

zhe nǐ. Wǒ zài wòshì gōngzuò, tā huì pā zài yìpáng shuìjiào, wǒ qīngshǒu-
着你。我在卧室工作，它会趴在一旁睡觉，我轻手

qīngjiǎo qù kètīng ná dōngxi, tā yě huì xǐnglái, gēnzhe wǒ pǎo, ràng rén
轻脚去客厅拿东西，它也会醒来，跟着我跑，让人

gǎnjué tèbié wēnnuǎn. Xiànzài, wǒ měitiān mángzhe lū māo, bú xiàng yǐqián
感觉特别温暖。现在，我每天**忙着**撸猫，不像以前

nàme lǎn le, shēnghuó yě biànde chōngshí duō le”.
那么懒了，生活也变得充实多了”。

Zhōngguó niánqīng de māonú zhīsuǒyǐ yuè lái yuè duō, chúle xiāofèi shí-
中国年轻的猫奴**之所以**越来越多，除了消费实

lì biàn qiáng、xǐhuan “gēnfēng” děng yīnsù zhīwài, zuì gēnběn de yuányīn
力变强、喜欢“跟风”等因素之外，最根本的原因

háishì kěwàng péibàn.
还是渴望陪伴。

Liánnián xiàjiàng de jiéhūnlǜ hé shēngyùlǜ, yìwèizhe Zhōngguó dānshēn
连年下降的结婚率和生育率，**意味着**中国单身

rénkǒu hé dīngkè qúntǐ de zēngjiā. Tāmen zhōng yǒu bù shǎo rén dōu chéngle māo-
人口和丁克群体的增加。他们中有不少人都成了猫

nú.
奴。

我々はなぜ「猫のしもべ」になったのか？

「しもべ」にとって、猫は「ご主人様」なだけではなく、「家族」でもあります。猫は温かく充実した暮らしをもたらしてくれます。故郷を離れ、ひとり北京で働く「秋秋」さんは言います。「猫は全身全霊で私を愛してくれているかのよう。私が寝室で仕事をしていると、猫もそばで寝ています。私がそっとリビングに物を取りに行くと、猫も目を覚ましてついて来ます。それから、私は今、毎日猫をかわいがるのに忙しくて、以前のようなだらしない生活もやめましたし、生活にハリが出てきました。」

とにかく、中国の若者に猫の「しもべ」が増えている理由は、購買力の高まりや「流行」を好むなどの要因もありますが、一番根本的な理由は、やはり誰かにそばにいてほしいというパートナーを求める気持ちでしょう。

婚姻率と出生率が年々低下しているということは、中国の独身人口とディンクス層が増えていることを示しています。そのうちの多くの方は猫のしもべになっています。

音声 72

学習ポイント

1 ▶忙着＋動詞　～するのに忙しい

Wǒ zhè liǎng tiān mángzhe gǎn gǎo，jùcān jiù bú qù le.
我这两天忙着赶稿，聚餐就不去了。
ここ数日は締め切りに追われているので、食事会に行くのはやめておく。

Zuìjìn tā yìzhí mángzhe zhǎo gōngzuò，méi shíjiān guàngjiē.
最近他一直忙着找工作，没时间逛街。
彼は最近職探しに奔走していて、街をぶらぶらする時間もない。

Jǐ zhī mǎyǐ zhèng mángzhe wǎng dòngli bānyùn shíwù.
几只蚂蚁正忙着往洞里搬运食物。アリが数匹、いそいそと巣にエサを運んでいる。

2 ▶之所以…　～なわけは～だ

＊よく“是因为”/“原因是”とセットで使う。

Wǒ zhīsuǒyǐ bú kàn yánqíng xiǎoshuō，jiùshi yīnwèi juéde bù zhēnshí.
我之所以不看言情小说，就是因为觉得不真实。
恋愛小説を読まないのは、それがリアリティがないと思っているからだ。

Tā zhīsuǒyǐ chéngjì hǎo，chúle xǐhuan xuéxí zhīwài，háiyǒu qínfèn de yīnsù.
她之所以成绩好，除了喜欢学习之外，还有勤奋的因素。
彼女の成績が良い理由は、勉強好きであること以外に努力していることもある。

Zhīsuǒyǐ jiào nǐ lái，shì yīnwèi wǒ yǒu dōngxi yào jiāogěi nǐ.
之所以叫你来，是因为我有东西要交给你。
あなたを呼んだのは、渡したい物があるからだ。

3 ▶意味着…　～を意味している

Duō zhèngqián yìwèizhe duō jiāoshuì.
多挣钱意味着多交税。多く稼ぐということは、税金を多く納付することを意味している。

Xǐhuan bìng bú yìwèizhe yídìng yào dédào.
喜欢并不意味着一定要得到。
好きということは、別に必ず手に入れなければならないことを意味するわけではない。

“Wàngjì guòqù jiù yìwèizhe bèipàn”.
“忘记过去就意味着背叛”。「過去を忘れることは、裏切りを意味する。」
＊映画『以革命的名义（革命の名において）』の台詞。

4-6 中国年轻人和猫咪的未来

中国の若者と愛猫の未来

まず、聴いてみましょう！

ヒント1

Zhōngguó māonú yuè lái yuè duō de gēnběn yuányīn shì shénme ?

中国猫奴越来越多的根本原因是什么?

猫のしもべが中国で増え続ける根本的な原因は何ですか？

ヒント2

Zhōngguó xiànzài dàgài yǒu duōshao dānshēn de rén ?

中国现在大概有多少单身的人?

現在、中国で独身者はどのくらいいますか？

ヒント3

Zhōngguó niánqīngrén hé māo de xìnggé zài nǎxiē dìfang bǐjiào xiāngsì ?

中国年轻人和猫的性格在哪些地方比较相似?

中国の若者と猫の性格で、似ているのはどこですか？

単語

宅 zhái　オタク、引きこもり、インドア派
怕麻烦 pà máfan　めんどくさがる
寄托 jìtuō　（抽象的なものを）寄せる
托管 tuōguǎn　預ける
疫苗 yìmiáo　ワクチン
精力 jīnglì　何かをする余裕（時間や体力を含む）
谈不上 tánbushàng　〜とは言えない
整个 zhěnggè　全体、全部の

音声74

中国年轻人和猫咪的未来

目前《Mùqián》，中国《Zhōngguó》的《de》丁克《dīngkè》家庭《jiātíng》数量《shùliàng》已《yǐ》超过《chāoguò》60万《wàn》，单《dān-》身《shēn》人口数《rénkǒushù》已《yǐ》超过《chāoguò》2.4亿《yì》，其中《qízhōng》有《yǒu》将近《jiāngjìn》1亿《yì》人《rén》独居《dújū》。孤独《Gūdú》，**无疑**《wúyí》是《shì》很《hěn》多《duō》中国人《Zhōngguórén》选择《xuǎnzé》养《yǎng》宠物《chǒngwù》的《de》最《zuì》重要《zhòngyào》的《de》理《lǐ-》由《yóu》之一《zhīyī》。另外《Lìngwài》，还有《háiyǒu》学者《xuézhě》认为《rènwéi》，当代《dāngdài》中国《Zhōngguó》年轻人《niánqīngrén》和《hé》猫《māo》有着《yǒuzhe》相似《xiāngsì》的《de》性格《xìnggé》，他们《tāmen》内向《nèixiàng》、宅《zhái》、需要《xūyào》陪伴《péibàn》，却《què》又《yòu》怕《pà》麻烦《máfan》，因此《yīncǐ》他们《tāmen》**倾向于**《qīngxiàng yú》把《bǎ》猫《māo》作为《zuòwéi》自己《zìjǐ》的《de》精神《jīngshén》寄《jì-》托《tuō》。

猫咪《Māomī》给《gěi》猫奴们《māonúmén》带来了《dàiláile》快乐《kuàilè》，也《yě》带来了《dàiláile》烦恼《fánnǎo》。猫《Māo-》咪《mī》需要《xūyào》清洗《qīngxǐ》、托管《tuōguǎn》、打《dǎ》疫苗《yìmiáo》、做《zuò》绝育《juéyù》，这些《zhèxiē》都《dōu》需要《xūyào》金钱《jīnqián》和《hé》精力《jīnglì》，而《ér》中国《Zhōngguó》的《de》宠物《chǒngwù》相关《xiāngguān》产业《chǎnyè》虽然《suīrán》发展得《fāzhǎnde》不《bú-》错《cuò》，却《què》还《hái》**谈不上**《tánbushàng》健全《jiànquán》。未来《Wèilái》几年《jǐ nián》，中国《Zhōngguó》的《de》年轻人《niánqīngrén》可《kě-》能《néng》要《yào》和《hé》他们《tāmen》的《de》猫咪《māomī》以及《yǐjí》整个《zhěnggè》中国《Zhōngguó》宠物《chǒngwù》行业《hángyè》一起《yìqǐ》，逐《zhú-》渐《jiàn》成熟起来《chéngshúqǐlái》，学会《xuéhuì》更《gèng》负责《fùzé》的《de》爱《ài》。

中国の若者と愛猫の未来

中国では目下、夫婦二人だけの世帯が60万、独身者が2億4,000万を超えており、うち1億人近くが一人暮らしをしています。多くの若者がペットを飼う最大の理由の1つが孤独であることは、間違いないでしょう。このほかに、今の中国の若者と猫は、内向的、インドア派、誰かにそばにいてほしいが面倒なことを嫌うという性格が似ているため、若者が猫を心のよりどころにする傾向があると分析する研究者もいます。

猫はしもべたちに喜びをもたらしてくれますが、悩みの種にもなります。猫はシャンプー、一時預かり、ワクチン接種、避妊手術をする必要があって、全てにお金と気力と時間が必要です。また、中国のペット関連産業は勢いよく発展してはいますが、まだ健全だとは言えません。中国の若者はこれから何年かかけて、愛猫とペット業界全体と一緒に、少しずつ成熟し、責任のある愛を学んでいくでしょう。

＊データは「中国年鑑」より。

音声 75

学習ポイント

1 ▶ 无疑　[副詞] 間違いなく、文句なしに、"毫无疑问" の略

Zhè cì bǐsài Rìběn wúyí huì yíng.
这次比赛日本无疑会赢。この試合は日本が間違いなく勝つ。

Tā wúyí shì wǒmen zhè ge xuékē zuì yōuxiù de xuézhě zhīyī.
他无疑是我们这个学科最优秀的学者之一。
彼は間違いなく私たちの分野で最も優秀な学者の一人だ。

Qù zhè ge guójiā shēnghuó, wúyí shì xuéxí zhè ge guójiā yǔyán zuìhǎo de fāngshì zhīyī.
去这个国家生活，无疑是学习这个国家语言最好的方式之一。
その国に住むことは、間違いなくその国の言葉を学ぶ最も良い方法の一つだ。

2 ▶ 倾向于＋動詞　～する傾向がある、～しがちだ

Zhège bìng, yīshēng qīngxiàng yú zuò bǎoshǒu zhìliáo.
这个病，医生倾向于做保守治疗。
この病気は、医者は保存療法を勧めている。

Jǐngchá qīngxiàng yú rènwéi zhè shì yìqǐ xíngshì ànjiàn.
警察倾向于认为这是一起刑事案件。
警察は、この事件を刑事事件とする方向に傾いている。

Gēge qīngxiàng yú mǎi diàndòng chē, ér dìdi zé xiǎng mǎi hùnhé dònglìchē.
哥哥倾向于买电动车，而弟弟则想买混合动力车。
兄は電気自動車を買いたいが、弟はハイブリッド車を買いたいと思っている。

3 ▶ 谈不上　～とは言えない、～の話ではない

Tā tánbushàng piàoliang, dàn ràng rén kànzhe shífēn shūfu.
她谈不上漂亮，但让人看着十分舒服。
彼女は美人とは言えないが、いつまでも見ていたくなる顔だ。

Wǒ duì tā tánbushàng xǐhuan huò bù xǐhuan, jiùshi pǔtōng péngyou.
我对她谈不上喜欢或不喜欢，就是普通朋友。
彼女に対しては好きとか嫌いとかではなく、ただの友達に過ぎない。

Zhè fú zuòpǐn tánbushàng hǎo yě tánbúshàng chà, zhòngguī-zhòngjǔ.
这幅作品谈不上好也谈不上差，中规中矩。
この作品は良いも悪いもなく、ありきたりという印象だ。

第5課

中国各地不同风情的辣

中国各地のさまざまな「辣」

5-1
中国哪儿最辣?
中国のどこが一番「HOT」?

5-2
川渝的麻辣
四川・重慶の「麻辣」

5-3
湖南的香辣
湖南の「香辣」

5-4
湖北的卤辣
湖北の「鹵辣」

5-5
云贵的糟辣与酸辣 1
雲南・貴州の「糟辣」と「酸辣」1

5-6
云贵的糟辣与酸辣 2
雲南・貴州の「糟辣」と「酸辣」2

5-7
陕西的醋辣
陝西の「酢辣」

5-8
江西的劲辣
江西の「激辛」

5-1 中国哪儿最辣?

中国のどこが一番「HOT」?

まず、聴いてみましょう！

ヒント1

Làjiāo de yuánchǎndì shì nǎlǐ ?

辣椒的原产地是哪里?

唐辛子の原産地はどこですか？

ヒント2

Làjiāo shì shénme shíhou chuándào Zhōngguó de ?

辣椒是什么时候传到中国的?

唐辛子はいつ中国に伝来しましたか？

ヒント3

Zhōngguó nǎlǐ de cài zuì là ?

中国哪里的菜最辣?

中国のどこの料理が一番辛いですか？

単語

博大精深 bódà-jīngshēn　（文化が）奥深い
不可或缺 bùkě-huòquē　欠かせない、不可欠だ
衍生 yǎnshēng　派生する
要说 yào shuō　もし～と言えば、～と言うなら
当仁不让 dāngrén-búràng　譲らない、買って出る
各异 gè yì　それぞれ異なる

音声 77

中国哪儿最辣?

Zhōngguó yǒu bódà-jīngshēn de yǐnshí wénhuà, “là” zài qízhōng bàn-
中国有博大精深的饮食文化，“辣”在其中扮
yǎnzhe fēicháng zhòngyào de juésè. Làjiāo yuán chǎn yú Nánměi, Míngdài shí chuán-
演着非常重要的角色。辣椒原产于南美，明代时传
rù Zhōngguó, jǐ bǎinián jiān, tā yǐjīng chéngwéi zhōngcān lǐ bùkě-huòquē de
入中国，几百年间，它已经成为中餐里不可或缺的
tiáowèipǐn zhīyī, bìng zài gèdì yǎnshēngchūle fēngwèi bùtóng de làwèi měi-
调味品之一，并在各地衍生出了风味不同的辣味美
shí.
食。

Yào shuō Zhōngguó nǎr zuì “là”, Sìchuān hé Húnán kěndìng dāngrén-
要说中国哪儿最“辣”，四川和湖南肯定当仁
búràng, búguò, Guìzhōu、Jiāngxī、Húběi、 Shǎnxī děng dì yě yǒu bù-
不让，不过，贵州、江西、湖北、陕西等地也有不
shǎo hǎochī de làcài. Jīntiān wǒmen jiù lái yìqǐ kànkan Zhōngguó gèdì fēng-
少好吃的辣菜。今天我们就来一起看看中国各地风
qíng gè yì de “làwèi liàolǐ” ba.
情各异的“辣味料理”吧。

中国のどこが一番「HOT」？

中国には奥深い食文化があって、なかでも「辣」（辛い味）は、特に重要な役割を担っています。南米原産で明の時代に中国に伝来した唐辛子は、その後数百年で中国料理に欠かせない調味料の１つとなり、中国各地で風味の異なる辛さを生み出しました。

中国で一番辛いのはどこの料理かといえば、当然四川省と湖南省が名乗りを上げますが、貴州省、江西省、湖北省、陝西省などにも辛くて美味しい料理がたくさんあります。それでは、中国各地のさまざまな「辛い料理」を見ていきましょう。

音声78

学習ポイント

1 ▶扮演　[動詞]（芝居で役に）扮する、演じる、（役目を）果たす、演じる

Tā zài zhè bù zuòpǐn zhōng bànyǎn yí ge yīshēng.
他在这部作品中扮演一个医生。彼はこの作品で医者を演じている。

Zhè ge juésè shì yóu Liú Xiàoxiào bànyǎn de.
这个角色是由刘笑笑扮演的。この役は劉笑笑さんが演じている。

Zhōngguó zài guójì shang bànyǎnzhe shífēn zhòngyào de juésè.
中国在国际上扮演着十分重要的角色。
中国は世界でとても重要な役目を果たしている。

2 ▶要说　[接続詞] ~と言えば、~について言うと

Yào shuō pāizhào shuǐpíng，zhè tái shǒujī wánquán bù shū zhuānyè xiàngjī.
要说拍照水平，这台手机完全不输专业相机。
撮影レベルで、この携帯はプロのカメラにも負けません。

Yào shuō kǒucái hé gōngzuò nénglì，méi rén néng bǐdeguò Xiǎo Wáng.
要说口才和工作能力，没人能比得过小王。
雄弁さと仕事の能力では、王に匹敵する者はおりません。

Yào shuō jiénéng huánbǎo，pǔtōng qìchē háishi bùrú diàndòng qìchē.
要说节能环保，普通汽车还是不如电动汽车。
省エネや環境保護という面では、ガソリン車は電気自動車に及びません。

3 ▶当仁不让　[成語] なすべきことは積極的に行い、誰にも譲らない、自分で担うべき責務は進んで果たす

*自分から役目を買って出るときの常套表現。

Zhè jiàn shìr wǒ dāngrén-búràng！
这件事儿我当仁不让！　この件に関しては、私がやります。誰にも譲りません。

Yí dào jiāxiāng，Xiǎo Zhào jiù dāngrén-búràng de dāngqǐle dǎoyóu.
一到家乡，小赵就当仁不让地当起了导游。
故郷に戻ると、趙さんは当たり前のように、観光ガイドをしてくれた。

Tā de bǐsài chéngjì，ràng tā chéngle bàngqiú jiè dāngrén-búràng de qiúwáng.
他的比赛成绩，让他成了棒球界当仁不让的球王。
試合成績が、彼を誰もが認める野球界の王者にした。

音声 79

5-2 川渝的麻辣

四川・重慶の「麻辣」

まず、聴いてみましょう！

ヒント1

Sìchuān hé Chóngqìng de làwèi liàolǐ yǒu shénme tèdiǎn ?

四川和重庆的辣味料理有什么特点?

四川と重慶の辛い料理はどんな特徴がありますか？

ヒント2

“Húlà” shì shénmeyàng de làwèi ?

“糊辣”是什么样的辣味?

「糊辣」とはどんな辛さですか？

ヒント3

Hóngyóu shì zěnme zuò de ?

红油是怎么做的?

ラー油は、どうやって作りますか？

単　語

川渝 chuānyú　四川省と重慶市
提 tí　話題にする、取り上げる、持ち出す
柔和 róuhé　柔らかい、優しい、穏やかだ、マイルドだ
酥麻 sūmá　しびれる
宫保鸡丁 gōngbǎo jīdīng　鶏肉のピーナツ炒め
菜品 càipǐn　料理、メニュー

音声 80

川渝的麻辣

说起《Shuōqǐ》吃《chī》辣《là》，就《jiù》不《bù》能《néng》不《bù》提《tí》四川《Sìchuān》和《hé》重庆《Chóngqìng》地区《dìqū》的《de》川菜《Chuāncài》。川菜《Chuāncài》的《de》辣《là》，讲究《jiǎngjiu》麻《má》、辣《là》、鲜《xiān》、香《xiāng》，所以《suǒyǐ》口味《kǒuwèi》柔和《róuhé》，辣《là》而《ér》不《bù》燥《zào》。出产《Chūchǎn》于《yú》当地《dāngdì》的《de》花椒《huājiāo》能够《nénggòu》给《gěi》人《rén》带来《dàilái》酥麻《sūmá》感《gǎn》，这《zhè》也《yě》是《shì》川菜《Chuāncài》的《de》特色《tèsè》所在《suǒzài》。不过《Búguò》，川菜《Chuāncài》的《de》辣《là》并《bìng》不《bù》全《quán》是《shì》麻辣《málà》，例如《lìrú》宫保鸡丁《gōngbǎo jīdīng》、红油鸡片《hóngyóu jīpiàn》、蒜泥白肉《suànní báiròu》、陈皮《chénpí》兔丁《tùdīng》等《děng》菜品《càipǐn》，虽然《suīrán》也《yě》辣《là》，但《dàn》有的《yǒude》是《shì》“糊辣《hú là》”，有的《yǒude》是《shì》“香辣《xiāng là》”。“糊辣《Hú là》”就是《jiùshi》通过《tōngguò》油炸《yóuzhá》辣椒《làjiāo》，使《shǐ》辣味《làwèi》带上《dàishang》焦糊《jiāohú》风味《fēngwèi》。川菜《Chuāncài》还《hái》会《huì》把《bǎ》大量《dàliàng》辣椒粉《làjiāofěn》放入《fàngrù》菜籽油《càizǐyóu》中《zhōng》炸《zhá》，制成《zhìchéng》红油《hóngyóu》，再《zài》用《yòng》红油《hóngyóu》给《gěi》菜品《càipǐn》增色《zēng sè》、增香《zēng xiāng》。

四川・重慶の「麻辣」

辛い料理といえば、四川省および重慶市エリアの四川料理を取り上げないわけにはいけません。四川料理の「辣」は、麻（しびれ）、辣（辛味）、鮮（うまみ）、香（香ばしさ）にこだわります。そのため味はマイルドで、喉が焼けるような辛さではありません。地元で採れる花椒（中国山椒）でしびれる風味を出すのも四川料理の特徴です。ただ、四川料理の辛さは全て「麻辣」かというとそうではありません。宮保鶏丁（鶏肉のピーナツ炒め）、紅油鶏片（ゆで鶏のラー油がけ）、蒜泥白肉（豚バラ肉のニンニクソースがけ）、陳皮兔丁（ウサギ肉の陳皮炒め）などの料理のように、「糊辣（焦げたような味がベースになった辛さ）」もあれば「香辣（香ばしい辛さ）」もある。「糊辣」は唐辛子を高温の油で炒めることで、辛さに焦げたような風味を加えたものです。ほかに、大量の粉唐辛子を菜種油で揚げて作ったラー油を使って、料理を色良くし、香ばしくするのも四川料理の特徴です。

＊代表的な辛い料理：水煮肉片（豚肉の辛味オイル煮）、麻婆豆腐、重慶麻辣牛油火鍋（重慶式麻辣牛脂火鍋）、黔江鶏雑（黔江風ニワトリのもつ煮）、泡椒鳳爪（鶏の足のトウガラシ漬け）

音声81

学習ポイント

1 ▶讲究　[動詞] こだわる、うるさい、重んじる、気をつける

Tā zài hē kāfēi fāngmiàn tèbié jiǎngjiu.
他在喝咖啡方面特别讲究。
彼はコーヒーにうるさい。

Tā bú shì nàme jiǎngjiu yīzhuó de rén.
他不是那么讲究衣着的人。
彼は着る物にとてもこだわるタイプの人ではない。

Gōngzuò yào jiǎngjiu fāngfǎ.
工作要讲究方法。仕事は工夫が大切だ。

2 ▶是…所在　～は～のあるところだ

Rénshǒu duǎnquē shì wǒmen zuìdà de wèntí suǒzài.
人手短缺是我们最大的问题所在。
人手不足が我々の最大の問題だ。

Xìnggé bùhé shì wǒmen fēnshǒu de yuányīn suǒzài.
性格不合是我们分手的原因所在。
私たちが別れたのは、性格が合わなかったからだ。

Chōngfèn、zhèngquè de xùnliàn shì tígāo qiújì de guānjiàn suǒzài.
充分、正确的训练是提高球技的关键所在。
十分かつ正確なトレーニングは球技のスキルアップのカギだ。

3 ▶带上　[動詞]（特徴を）持つ、（モノや人を）連れる、持つ

Dēngguāng ràng pēnquán dàishangle mènghuàn de sècǎi.
灯光让喷泉带上了梦幻的色彩。
灯りが、噴水に幻想的な彩りを添えている。

Zhèxiē zuòpǐn dōu dàishangle shídài de yìnjì.
这些作品都带上了时代的印记。
これらの作品は全てその時代の色がついている。

Nǐ dàishang lǐwù qù ba.
你带上礼物去吧。プレゼントを持って行って。

5-3 湖南的香辣

湖南の「香辣」

まず、聴いてみましょう！

ヒント1

Húnán shěng de rén bă làjiāo dàngzuò shénme ?

湖南省的人把辣椒当作什么?

湖南省の人は、唐辛子をどう見ていますか？

ヒント2

Húnáncài zhōng jīngcháng shǐyòng shénme làjiāo ?

湖南菜中经常使用什么辣椒?

湖南でよく使われる唐辛子の名前は何ですか？

ヒント3

Húnáncài zhōng dàibiăoxìng de làcài dōu yǒu shénme ?

湖南菜中代表性的辣菜都有什么?

湖南の代表的な辛い料理は何ですか？

単語

大户 dàhù　大口顧客

提味 tíwèi　味を引き立てる

朝天椒 cháotiānjiāo　ゴシキトウガラシ

小米椒 xiăomǐjiāo　キダチトウガラシ

极致 jízhì　極限まで、最高の、極めつけの

精髓 jīngsuǐ　真髄

下饭 xiàfàn　ご飯がすすむ、食がすすむ

音声 83

湖南的香辣

湖南《Húnán》也《yě》是《shì》辣椒《làjiāo》的《de》消费《xiāofèi》大户《dàhù》，大多数《dàduōshù》人《rén》或许《huòxǔ》只是《zhǐshì》把《bǎ》辣椒《làjiāo》当作《dàngzuò》配料《pèiliào》，但《dàn》湖南人《Húnánrén》则《zé》是《shì》真的《zhēnde》把《bǎ》辣椒《làjiāo》当成《dàngchéng》菜《cài》。据说《Jùshuō》，湖南人《Húnánrén》爱《ài》吃《chī》辣《là》，是《shì》因为《yīnwèi》古时候《gǔshíhou》买不到《mǎibudào》盐《yán》，只《zhǐ》好《hǎo》以《yǐ》辣《là》提味《tíwèi》。湖南人《Húnánrén》常用《chángyòng》的《de》红《hóng》辣椒《làjiāo》有《yǒu》三《sān》种《zhǒng》：二荆条《èrjīngtiáo》、朝天椒《cháotiānjiāo》、小米椒《xiǎomǐjiāo》。其中《Qízhōng》，小米椒《xiǎomǐjiāo》最《zuì》辣《là》；二荆条《èrjīngtiáo》香《xiāng》，但《dàn》辣味《làwèi》不足《bùzú》；朝天椒《cháotiānjiāo》则《zé》香《xiāng》、辣《là》兼备《jiānbèi》。湖南人《Húnánrén》在《zài》做《zuò》菜《cài》时《shí》，会《huì》把《bǎ》这《zhè》三《sān》种《zhǒng》辣椒《làjiāo》的《de》特长《tècháng》发挥《fāhuī》到《dào》极致《jízhì》。湖南《Húnán》的《de》辣《là》以《yǐ》香《xiāng》辣《là》著称《zhùchēng》，农家小炒肉《nóngjiāxiǎochǎoròu》、虎皮辣椒《hǔpílàjiāo》、油焖《yóumèn》辣椒《làjiāo》等《děng》经典《jīngdiǎn》的《de》湖南菜《Húnáncài》就《jiù》深《shēn》得《dé》“香辣《xiānglà》”的《de》精髓《jīngsuǐ》，非常《fēicháng》下饭《xiàfàn》。

湖南の「香辣」

湖南省も唐辛子の一大消費地です。ほとんどの人は、唐辛子は調味料とみなしているかもしれませんが、湖南省の人にとって唐辛子は、おかずなのです。湖南省の人が辛い物が好きなのは、昔、塩が手に入らず、辛味で味を引き立てるしかなかったため、と言われています。湖南省でよく使われている赤唐辛子には、「二荆条」と呼ばれる長唐辛子、ゴシキトウガラシ、キダチトウガラシの3種類ありますが、その中でもキダチトウガラシが一番辛いです。二荆条は、風味は良いのですが、辛味が物足りません。ゴシキトウガラシは風味も辛味も兼ね備えています。湖南省の人は料理をする時、この3種類の唐辛子の特徴を遺憾なく発揮させます。湖南省の辛さは「香辣」と呼ばれますが、農家小炒肉（豚バラ肉の青唐辛子炒め）、虎皮辣椒（青唐辛子炒め）、油燜辣椒（炒め青唐辛子の辛味漬け）などの代表的な湖南料理を食べてみると、「香辣」の真髄を味わうことができるでしょう。食がすすむこと請け合いです。

*代表的な辛い料理：小炒肉（豚バラ肉の青唐辛子炒め）、剁椒魚頭（激辛かぶと蒸し）、口味蛇（ヘビのトウガラシ炒め）

音声84

学習ポイント

1 ▶或许 ［副詞］もしかすると、ひょっとしたら～かもしれない

＊類似表現：也许、说不定

Zhège fāngfǎ huòxǔ kěxíng, dàn yǒu xiē màoxiǎn.
这个方法或许可行，但有些冒险。
この方法だと、もしかするとうまくいくかもしれないが、少しリスクがある。

Xiànzài chūfā huòxǔ hái láidejí.
现在出发或许还来得及。今、出発すればもしかすると間に合うかもしれない。

Nǐ qù wènwen ba, huòxǔ tā yǒu bànfǎ.
你去问问吧，或许他有办法。
ちょっと聞いてみて、ひょっとしたら彼なら解決策を思いつくかもしれない。

2 ▶当成 ［動詞］～と見なす、～と思う

＊“当作”も同じ意味で使う。

Tā hēduōle, bǎ diànyuán dàngchéngle shúrén.
他喝多了，把店员当成了熟人。
彼は飲みすぎて、店員を知り合いだと思ってしまったようだ。

Mèimei bǎ yào dàngchéng táng chīlexiàqù.
妹妹把药当成糖吃了下去。
妹はその薬を、あめと思って食べてしまった。

Wǒ bǎ zhè jiàn shì dàngzuò yí ge kǎoyàn.
我把这件事当作一个考验。
私はこの件を1つの試練として受け止めた。

3 ▶以…著称… ～で有名だ、～で知られる

Zhèli de qīngméi yǐ ròu hòu、hé xiǎo zhùchēng.
这里的青梅以肉厚、核小著称。ここの梅は肉厚で種が小さいことで有名だ。

Lánhuā shì yì zhǒng yǐ xiāng zhùchēng de huāhuì.
兰花是一种以香著称的花卉。蘭は香りで名高い花だ。

Yīnxū de qīngtóngqì yǐ wénshì huáměi zhùchēng yú shì.
殷墟的青铜器以纹饰华美著称于世。
殷墟（いんきょ）の青銅器は、紋様と装飾の美しさで世の人々に知られている。

5-4 湖北的卤辣

湖北の「鹵辣」

まず、聴いてみましょう！

ヒント1

Húběi shěng de qìhòu shì zěnmeyàng de？

湖北省的气候是怎么样的?

湖北省はどんな気候ですか？

ヒント2

Húběi shěng yǒumíng de làcài shì shénme？

湖北省有名的辣菜是什么?

湖北省の有名な辛い料理は何ですか？

ヒント3

“Lǔlà” shì zěnme zhìzuòchūlái de？

“卤辣”是怎么制作出来的?

「鹵辣」はどのように作られているのですか？

単語

九省通衢 jiǔ shěng tōngqú
交通の要所。今は湖北省の地理的優位性を描写する言葉。湖北省は四川、陝西、河南、湖南、貴州、江西、安徽、江蘇などの８つの省と繋がっている。

偏好 piānhào　好み、好む

重口味 zhòng kǒuwèi　濃い味が好き、味が濃い

卤汁 lǔ zhī　煮物用たれ

浸煮 jìn zhǔ　漬けながら煮る

音声 86

湖北的卤辣

湖北《Húběi》的《de》辣《là》很《hěn》“复杂《fùzá》”。这《Zhè》跟《gēn》湖北《Húběi》“九《jiǔ》省《shěng》通衢《tōngqú》”的《de》地理《dìlǐ》位置《wèizhì》不无《bùwú》关系《guānxi》。另外《Lìngwài》，湖北《Húběi》的《de》气候《qìhòu》既《jì》有《yǒu》严寒《yánhán》，又《yòu》有《yǒu》酷暑《kùshǔ》，所以《suǒyǐ》湖北人《Húběirén》往往《wǎngwǎng》偏好《piānhào》重《zhòng》口味《kǒuwèi》的《de》卤味《lǔwèi》辣菜《làcài》，其《qí》代表《dàibiǎo》就是《jiùshi》全《quán》中国《Zhōngguó》有名《yǒumíng》的《de》周黑鸭《Zhōuhēiyā》。

制作《Zhìzuò》卤辣《lǔlà》，通常《tōngcháng》要《yào》先《xiān》将《jiāng》十《shí》几《jǐ》甚至《shènzhì》几《jǐ》十《shí》种《zhǒng》香辛料《xiāngxīnliào》和《hé》食材《shícái》调配《tiáopèi》在《zài》一起《yìqǐ》，煮制成《zhǔzhìchéng》“卤汁《lǔ zhī》”，再《zài》将《jiāng》食物《shíwù》放《fàng-》入《rù》卤汁《lǔ zhī》，旺火《wànghuǒ》烧开《shāokāi》，小火《xiǎo huǒ》浸煮《jìn zhǔ》，最后《zuìhòu》自然《zìrán》冷却《lěngquè》。这《Zhè-》样《yàng》做出来《zuòchūlái》的《de》卤味《lǔwèi》，自然《zìrán》带有《dàiyǒu》一《yì》种《zhǒng》复合《fùhé》的《de》香《xiāng》和《hé》辣《là》。让《Ràng》人《rén》辣得《làde》吐舌《tǔ shé》，却《què》又《yòu》停不下来《tíngbuxiàlái》，越《yuè》吃《chī》越《yuè》想《xiǎng》吃《chī》。

湖北の「鹵辣」

湖北省の「辣」はとても「複雑」です。それは、湖北省が９つの省が相接する「交通の要衝」という地理的位置と無関係ではありません。また、湖北省は冬は寒さが厳しい反面、夏は猛暑になるので、湖北省の人は濃い味付けで辛い「滷味」(塩水に調味料を加えたものやしょうゆで煮た後、冷まして食べる料理) を好みます。その代表が全国的に有名な「周黒鴨」です。

「滷辣」の作り方は、一般的に十数から数十種類もの香辛料や食材を調合し、煮詰めて煮汁にします。これに食材を強火で煮て、弱火で漬けて味を染み込ませて、自然に冷まします。こうしてできた「滷味」は、自然に複雑なうまみと辛味を帯び、辛さに舌を巻きながらも手が止まらず、一度食べたらやめられません。

＊代表的な辛い料理：周黒鴨 (鴨肉の香辛料醤油煮)、武漢熱乾麺 (武漢式まぜそば)

音声 87

学習ポイント

1 ▶（先）…再…　（まず）～そして～（動作の順番を強調する）

Xiān xĭ shŏu zài chī fàn.
先洗手再吃饭。
食べる前に手を洗いなさい。

Zánmen xiān dă diànhuà yùyuēle zhīhòu zài qù ba.
咱们先打电话预约了之后再去吧。
電話予約してから行こう。

Tā dăsuàn xiān zài dà qĭyè gōngzuò liăng nián，ránhòu zài chuàngyè.
他打算先在大企业工作两年，然后再创业。
彼はまず大手企業に数年間勤めてから起業するつもりだ。

2 ▶自然　［副詞］自然に、自ずから、当然だ

Wŏ gănmào bú yòng chī yào，xiūxi yì liăng tiān zìrán jiù hăole.
我感冒不用吃药，休息一两天自然就好了。
私は風邪を引いたとき、薬を飲むことはなく、一両日休めば自然に治る。

Mĕitiān chīhăo shuìhăo，qìsè zìrán huì biànhăo.
每天吃好睡好，气色自然会变好。
食事と睡眠をちゃんと取れば、顔色は当然良くなる。

Dào shíhou nĭ zìrán jiù zhīdàole.
到时候你自然就知道了。
その時になったら自然と分かってくる。

3 ▶下来　［補語］温度、速度、音量などの数値が落ちてくる様子を表す

Wŏ bă chē kàobiānr tínglexiàlai.
我把车靠边儿停了下来。車を路肩に寄せて止めた。

Tā de xuèyā zŏngshi jiàngbuxiàlái.
他的血压总是降不下来。彼の血圧は、どうしても下がらない。

Tuìxiū hòu，yéye de shēnghuó jiézòu zhōngyú mànlexiàlái.
退休后，爷爷的生活节奏终于慢了下来。
退職後、お爺さんの生活リズムは、ようやくゆったりしてきた。

5-5 云贵的糟辣与酸辣 1

雲南・貴州の「糟辣」と「酸辣」1

まず、聴いてみましょう！

ヒント1

Duì Guìzhōurén lái shuō, chī là yǒu shénme hǎochù ?

对贵州人来说，吃辣有什么好处?

貴州の人にとって、辛い物を食べると、どんな良いことがありますか？

ヒント2

Guìzhōurén de jiālǐ yìbān yǒu jǐzhǒng làjiāo ?

贵州人的家里一般有几种辣椒?

貴州の人の家には、何種類の唐辛子がありますか？

ヒント3

“Zāolàjiāo” shì zěnme zhìzuò de ?

“糟辣椒” 是怎么制作的?

「糟辣椒」は、どうやって作りますか？

単 語

提神 tíshén　気を張る、元気を出す、眠気を醒ます
祛湿 qū shī　身体に悪い余分な水分を取り除くこと（中医学の考え方）
佐酒 zuǒ jiǔ　酒のつまみ、（酒の）あてする
佳肴 jiāyáo　ご馳走、立派なおかず

音声 89

云贵的糟辣与酸辣 1

Guìzhōu qìhòu cháoshī, chī là jì kěyǐ tíshén yòu kěyǐ qū shī.
贵州气候潮湿，吃辣既可以提神又可以祛湿。
Hěn duō Guìzhōu rénjiā dōu chángbèi sì zhǒng làjiāo : Dì-yī zhǒng shì làjiāo fěn、
很多贵州人家都常备四种辣椒：第一种是辣椒粉、
dì-èr zhǒng shì gān làjiāo duàn, dì-sān zhǒng shì yóu làjiāo jiàng, dì-sì zhǒng shì
第二种是干辣椒段，第三种是油辣椒酱，第四种是
“zāolàjiāo”.
“糟辣椒”。

Zāolàjiāo shì Yúnguì dìqū de tèsè, dāngdìrén bǎ xīnxiān de hóng-
糟辣椒是云贵地区的特色，当地人把新鲜的红
làjiāo、 nènjiāng、dàsuàn hùnhé、 duòsuì hòu, jiā yán hé báijiǔ tiáoyún,
辣椒、嫩姜、大蒜混合、剁碎后，加盐和白酒调匀，
ránhòu fàngrù táoguàn, mìfēng、 fājiào qī zhì sānshí tiān hòu, zāolàjiāo
然后放入陶罐，密封、发酵七至三十天后，糟辣椒
jiù zuòhǎo le. Guìzhōu chuántǒng míngcài “zāolà cuìpíyú”, jiùshi yòng
就做好了。贵州传统名菜“糟辣脆皮鱼”，就是用
zāolàjiāo zuòwéi zhǔyào tiáoliào zhìchéng, yúpí cuì、 ròu xì、 sè hóng yóuliàng、
糟辣椒作为主要调料制成，鱼皮脆、肉细、色红油亮、
suān tián xián xiāng zhōng dàizhe yìdiǎnr wēi là, shì xiàfàn、zuǒ jiǔ de jiāyáo.
酸甜咸香中带着一点儿微辣，是下饭、佐酒的佳肴。

雲南・貴州の「糟辣」と「酸辣」 1

貴州省は湿度が高いので、辛い物を食べることで元気を出したり、祛湿(中医学で「湿邪」と呼ばれるものを取り除くこと) の効果を期待します。貴州省の家庭では、粉唐辛子、乾燥唐辛子、具入りラー油、そして「糟辣椒」と、４種類の唐辛子が常備されていることが多いです。

唐辛子の粕漬けは貴州や雲南地区の特産で、現地の人は生の赤唐辛子・新生姜・ニンニクを混ぜてみじん切りにしてから、さらに塩と白酒を加えて、陶製の漬け壺に入れ、密封して７日から 30 日発酵させる方法で糟辣椒を作っています。貴州省の有名料理である「糟辣脆皮魚」(揚げ魚の辛味あんかけ) はこの「糟辣椒」をメインの調味料として作っています。サクサクの衣にプリプリに締まった身、見た目もつややかな赤で、甘酸っぱく香ばしい中にほのかな辛味があり、ご飯のお友や、酒のつまみにぴったりなご馳走です。

*代表的な辛い料理：辣子鶏 (鶏肉のトウガラシ炒め)、老干媽 (貴州の具入りラー油の代表的ブランド)

音声 90

学習ポイント

1 ▶既…又…　～も～も（2つの状態が共存している様子を表す）

Duànliàn shēntǐ jì yǒuyì jiànkāng, yòu néng jiǎnféi.
锻炼身体既有益健康，又能减肥。
体を鍛えることは健康にも、ダイエットにも良い。

Zhè shì wǒmen dì-yī cì yuēhuì, wǒ jì jǐnzhāng, yòu qīdài.
这是我们第一次约会，我既紧张，又期待。
初めてのデートで、緊張もあれば、期待もある。

Sònggěi nǚyǒu de lǐwù, jì yào piàoliang, yòu yào tǐxiàn xīnyì.
送给女友的礼物，既要漂亮，又要体现心意。
彼女へのプレゼントは、きれいなだけでなく、心が込もっていることも重要だ。

＊関連表現：“即是…又是…”「3-5　学習ポイント 2」を参照。

2 ▶当地　［名詞］地元の、現地の

Tā fùqin shì dāngdì yí ge gāozhōng de lǎoshī.
他父亲是当地一个高中的老师。
彼の父親は、地元のある高校の教師です。

Zhè zhǒng shíwù shì dāngdì tèsè, zài qítā dìfang hěn nán mǎidào.
这种食物是当地特色，在其他地方很难买到。
この食べ物は現地の特産品で、ほかではなかなか手に入らない。

Zài Shànghǎi zhùle sān gè yuè, zhè háizi jiù xuéhuìle dāngdìrén de fāngyán.
在上海住了三个月，这孩子就学会了当地人的方言。
上海に住んで3カ月すると、この子は現地の方言をマスターした。

3 ▶带着　［動詞］～を帯びる、宿る状態

Xiǎoméng de yǎnshén zhōng dàizhe yìsī xǐyuè.
小萌的眼神中带着一丝喜悦。萌ちゃんの目には、かすかな喜びが宿っていた。

Tā dīxiàle tóu, dàizhe xiēxǔ xiūsè.
她低下了头，带着些许羞涩。彼女はうなだれ、少し恥ずかしそうになっていた。

Tā shuōhuà shí, zǒng dàizhe yì zhǒng jì yánsù yòu qīnqiè de kǒuwěn.
他说话时，总带着一种既严肃又亲切的口吻。
彼はいつも、厳しいながらも親しみを感じる口調で話をしている。

5-6 云贵的糟辣与酸辣 2
雲南・貴州の「糟辣」と「酸辣」2

まず、聴いてみましょう！

ヒント1

Yúnnánrén ài chī shénmeyàng de là ?

云南人爱吃什么样的辣?

雲南の人は、どんな辛さを好みますか？

ヒント2

Yúnnán yǒu shénme tèsè měishí ?

云南有什么特色美食?

雲南には、どんな名物料理がありますか？

ヒント3

“Guǐjī” shì zěnme zuò de ?

“鬼鸡”是怎么做的?

「鬼トリ」は、どうやって作りますか？

単語

偏爱 piān'ài　偏愛する、ひいきする、特に好む
搭配 dāpèi　組み合わせる
撕碎 sī suì　細かくちぎる
芫荽 yánsuī　コリアンダー
醒胃 xǐng wèi　胃の働きをよくする
释放 shìfàng　放出する
回味无穷 huíwèi wúqióng　味わい尽くせない、忘れられない味だ、クセになる

音声 92

云贵的糟辣与酸辣 2

云南人也爱吃辣，《Yúnnánrén yě ài chī là,》但偏爱酸辣，《dàn piān'ài suānlà,》口味接近东南亚。《kǒuwèi jiējìn Dōngnányà.》这可能也和当地气候和《Zhè kěnéng yě hé dāngdì qìhòu hé》少数民族的饮食习惯有关。《shǎoshù mínzú de yǐnshí xíguàn yǒu guān.》例如，《Lìrú,》当地的传统美食之一“白族酸辣鱼”，《dāngdì de chuántǒng měishí zhīyī “Báizú suānlàyú”,》就是**用**辣椒面与糟辣椒等佐料**搭配**白身鱼**做**成的，《jiùshi yòng làjiāomiàn yǔ zāolàjiāo děng zuǒliào dāpèi báishēnyú zuòchéng de,》酸辣可口。《suānlà kěkǒu.》而景颇族的《Ér Jǐngpōzú de》“鬼鸡”《“guǐjī”》则是将鸡肉撕碎，《zé shì jiāng jīròu sī suì,》加小米辣、《jiā xiǎomǐlà、》芫荽、《yánsuī、》柠檬等一起拌食，《níngméng děng yìqǐ bàn shí,》酸香醒胃，《suān xiāng xǐng wèi,》同时，《tóngshí,》姜、蒜与辣椒释放出的复合辣味，《jiāng、suàn yǔ làjiāo shìfàngchū de fùhé làwèi,》也让人**回味无穷**。《yě ràng rén huíwèi wúqióng.》

雲南・貴州の「糟辣」と「酸辣」2

雲南省の人々も辛い物好きですが、酸辣（すっぱ辛い）を特に好みます。味は東南アジアに近いです。これはおそらく現地の気候や少数民族の食文化が関係していると思われます。例えば、雲南省伝統の有名な料理ですが、ペー族の酸辣魚（白身魚と漬物のピリ辛鍋）は、七味唐辛子と「糟辣椒」などの調味料に白身魚を合わせて作っています。酸っぱくて辛くて美味しい料理です。チンポー族の「鬼鶏」は、蒸した鶏肉を細かくちぎって、キダチトウガラシ、コリアンダー、レモンなどと一緒に混ぜた物で、酸っぱい香りが胃の働きをよくすると同時に、生姜、ニンニク、唐辛子が放つ複雑な辛さがクセになる逸品です。

音声 93

学習ポイント

1 ▶用…做（成） ~で作る

Zhè kǒu guō shì yòng tiě zuò de.
这口锅是用铁做的。 この鍋は鉄でできている。

Zhè jiā diàn yòng bōluó zuò cānjù.
这家店用菠萝做餐具。 このお店はパイナップルを器として使っている。

Zhè kuǎn yǎnjìng de jìngkuàng，shì yòng tànxiānwéi zuòchéng de.
这款眼镜的镜框，是用碳纤维做成的。
この眼鏡のフレームは、カーボンでできている。

2 ▶搭配 ［動詞］組み合わせる、コーディネートする

Wǒ mǎi le yí jiàn xīn máoyī lái dāpèi zhè jiàn qúnzi.
我买了一件新毛衣来搭配这件裙子。
このスカートに合うように新しいセーターを買った。

Wǒmen liǎ yìqǐ gōngzuò de shíhou，zǒngshi dāpèide hěn hǎo.
我们俩一起工作的时候，总是搭配得很好。
私たち二人が一緒に仕事するときは、いつもいいコンビだ。

Zhè wǎn nóngtāng kěyǐ dāpèi fǎshì miànbāo chī.
这碗浓汤可以搭配法式面包吃。 この濃厚スープはバゲットと合わせるといい。

3 ▶回味无穷 料理を味わえば味わうほど味が尽きない、経験したことはその後考えるほどに意味の深さを実感する

＊よく“让人…回味无穷”のような使役形で使う。

Zhè běn shū ràng rén zài kànwán zhīhòu，huíwèi wúqióng.
这本书让人在看完之后，回味无穷。
この本は読んだ後にものすごく余韻が残る。

Hǎo chúnhòu de jiǔ ā，hēlezhīhòu lìng rén huíwèi wúqióng.
好醇厚的酒啊，喝了之后令人回味无穷。
なんてまろやかなお酒だ、飲み終わった後にも後味がずっと残る。

Hé nǐ zài hǎishàng dùguò de zhè ge jìniànrì，zhēn ràng wǒ huíwèi wúqióng.
和你在海上度过的这个纪念日，真让我回味无穷。
海であなたと過ごしたこの記念日は、忘れられない思い出になる。

音声94

5-7 陕西的醋辣

陝西の「酢辣」

まず、聴いてみましょう！

ヒント1

Shǎnxīrén wèi shénme néng chī là ?

陕西人为什么能吃辣?

陝西省の人は、なぜ辛さに強いのですか？

ヒント2

Shǎnxī làcài de dàibiǎo shì shénme ?

陕西辣菜的代表是什么?

陝西省の代表的な辛い料理は何ですか？

ヒント3

Shǎnxīrén wèi shénme ài chī cù ?

陕西人为什么爱吃醋?

陝西省の人は、なぜお酢が好きなのですか？

単語

辣子 làzi　唐辛子（方言）
泼 pō　（液体を）かける
滋滋 zīzī　ジューッという音
一片 yípiàn　一面に、まんべんなく
臊子 sàozi　肉のみじん切り（方言）

音声95

陕西的醋辣

Shǎnxī dìlǐ wèizhì shang kàojìn Sìchuān，yǐnshí xíguàn yě shòudào Sì-
陕西地理位置上靠近四川，饮食习惯也受到四
chuān yǐnshí de yǐngxiǎng，suǒyǐ Shǎnxīrén yě bǐjiào néng chī là. “yóupō
川饮食的影响，所以陕西人也比较能吃辣。“油泼
làzi” jiùshi Shǎnxīlà de dàibiǎo. Zhùmíng de “yóupōmiàn”, jiù
辣子”就是陕西辣的代表。著名的“油泼面”，就
shi zài pūle làjiāofěn de miàntiáo shang pōxià yì sháo rè yóu，làjiāofěn zī-
是在铺了辣椒粉的面条上泼下一勺热油，辣椒粉滋
zī zuòxiǎng，miàntiáo yóuxiāng sì yì，yì wǎn miàn yípiàn hóngguāng. Lìngwài,
滋作响，面条油香四溢，一碗面一片红光。另外，
Shǎnxīrén chī miàn shí bùjǐn yào fàng làjiāo，háiyào fàng xiāngcù. Yóupōmiàn、
陕西人吃面时不仅要放辣椒，还要放香醋。油泼面、
sàozimiàn děng Shǎnxīcài de jīngsuǐ，jiù zàiyú cù hé là de wánměi rónghé.
臊子面等陕西菜的精髓，就在于醋和辣的完美融合。

陝西の「酢辣」

陝西省の南部は四川省に接していて、食文化にも四川省の影響を受けているので、陝西省の人も辛さに強いです。陝西省の辛い物の代表は「油溌辣子」です。有名な「油溌麵」は、麵の上に粉唐辛子をたっぷり振りかけ、その上にアツアツの油をかける物で、粉唐辛子がジュージューと音を立てて、一面真っ赤などんぶりからは油の香ばしい香りが漂います。陝西省の人は麵を食べる時、唐辛子と一緒に黒酢をかけるのが一般的です。油溌麵や臊子麵（赤い汁が特徴の肉や野菜の角切りを乗せた麵）などの陝西料理の真髄は、酢と辛味の完璧な融合にあると言えます。

＊代表的な辛い料理：油溌麵（トウガラシと油かけ激辛麵）、臊子麵（肉と野菜の角切り乗せ激辛麵）、陝西涼皮（リャンピー）（陝西風ピリ辛幅広冷やし麵）。

音声96

学習ポイント

1 ▶泼　[動詞]（液体を）勢いよくぶちまける、注ぎかける

Bié bǎ zāng shuǐ pōdào wàimiàn.
别把脏水泼到外面。汚い水を外にぶちまけないで。

Tā pōle wǒ yì shēn shuǐ.
他泼了我一身水。彼に水をぶっかけられて全身濡れてしまった。

Zhōngguó yǒu jù súhuà：“Jiàchūqù de nǚ'ér，pōchūqù de shuǐ”.
中国有句俗话：“嫁出去的女儿，泼出去的水”。
中国に、「嫁いだ娘は撒いた水」ということわざがある。

2 ▶铺　[動詞] 敷く、敷き広げる、広げて並ぶ

Tā zài fángjiānlǐ pūmǎnle xiānhuā.
他在房间里铺满了鲜花。
彼は部屋の床に花びらを敷き詰めた。

Nǐ yào zài dìbǎnshang pū dìtǎn ma ?
你要在地板上铺地毯吗?
床にカーペットを敷きますか?

Wàimian zài pūlù.
外面在铺路。
外で道路の舗装工事が行われている。

3 ▶在于…　～は～にある、～によって決まる

Wèntí zàiyú，wǒmen gāi rúhé chóují zhè bǐ jīngfèi.
问题在于，我们该如何筹集这笔经费。
問題はどうやって資金を調達するかにある。

Tā de guòrén zhī chù zàiyú chāoqiáng de jìyìlì hé xīnsuàn nénglì.
他的过人之处在于超强的记忆力和心算能力。
彼の強みは高い記憶力と暗算能力にある。

“Yírì zhī jì zàiyú chén，yì nián zhī jì zàiyú chūn”.
“一日之计在于晨，一年之计在于春”。
一日の計は朝にあり、一年の計は春にあり。[時間をむだにせずできるだけ早く物事の段取りをつけることが重要だ。]

5-8 江西的劲辣

江西の「激辛」

まず、聴いてみましょう！

ヒント1

Jiāngxī de là shì shénmeyàng de là ?

江西的辣是什么样的辣?

江西省の辛さは、どういう辛さですか？

ヒント2

Jiāngxī làcài dōu yǒu shénme ?

江西辣菜都有什么?

江西省の辛い料理には、何がありますか？

ヒント3

Zhōngguó de là zhěngtǐshang yǒu shénme tèdiǎn ?

中国的辣整体上有什么特点?

中国の辛い料理には、全体的にどんな特徴がありますか？

単　語

低调 dīdiào　控え目だ、ひっそりしている

名气 míngqì　評判、名声、人気

炒粉 chǎofěn　炒めビーフン

杀手 shāshǒu　キラー

炖 dùn　煮込む

刻骨铭心 kègǔ-míngxīn　骨身に染みる、一生忘れない

吃不了 chībuliǎo　（体が受け入れないので）食べられない

音声 98

江西的劲辣

Jiāngxīcài zài Zhōngguó de měishíjiè lǐ xiāngduì dīdiào, hǎoxiàng méi shén-
江西菜在中国的美食界里相对**低调**，好像没什
me míngqì. Dàn Jiāngxīrén shì zhēnde hěn néng chī là, Jiāngxīcài de là,
么名气。但江西人是真的很**能**吃辣，江西菜的辣，
chúncuì ér qiángliè, xiǎochǎoròu、chǎofěn、liánhuāxuèyā、 jiǔzāoyú děng
纯粹而强烈，小炒肉、炒粉、莲花血鸭、酒糟鱼等
Jiāngxīcài dōu shì mǐfàn shāshǒu. Jùshuō, zài Jiāngxī Píngxiāng zhège dìfang,
江西菜都是米饭杀手。据说，在江西萍乡这个地方，
lián zhǔ zhōu、dùn tāng dōu yào fàng làjiāo. Rénmen dōu shuō, Jiāngxī de là,
连煮粥、炖汤**都**要放辣椒。人们都说，江西的辣，
yídìng huì ràng nǐ làde kègǔ-míngxīn.
一定会让你辣得刻骨铭心。

Zhōngguórén ài chī là (dāngrán yě yǒurén wánquán chībuliǎo là),
中国人爱吃辣（当然也有人完全吃不了辣），
dàn Zhōngguó de là, làde shífēn duōyuán, xǐhuan làwèi měishí de péngyou,
但中国的辣，辣得十分多元，喜欢辣味美食的朋友，
ràng wǒmen yìqǐ tànsuǒ zhǒngzhǒng wèizhī de Zhōngguó là liàolǐ ba.
让我们一起探索种种未知的中国辣料理吧。

江西の「激辛」

江西料理は中国料理の中ではあまり目立たない存在で、あまり有名ではないようです。ですが、江西省の人は本当に辛さに強く、江西料理の辛さは、ストレートでしかも強烈です。小炒肉（豚バラ肉の青唐辛子炒め）、炒粉（炒めビーフン）、蓮花血鴨（骨ごと細かく刻んだアヒルを炒めて煮込み、生唐辛子・ニンニク・しょうがと合わせた後、アヒルの血をからめ合わせた料理）酒糟魚（干物の酒粕辛味和え）などの江西料理はどれも「ご飯キラー」です。江西省の萍郷（へいきょう）という所では、お粥やスープを煮る時にも唐辛子を入れるそうです。江西省の辛さは、一度食べたら一生忘れないほどと言われています。

中国人は辛い物が大好きですが（全然食べれない人も当然いますが）、一口に辛いといっても、その中身は千差万別。辛い料理好きの皆さん、いろんな知られざる辛い中華料理を試してみませんか。

音声 99

学習ポイント

1 ▶低调　［形容詞］控えめである

＊反義語：高调

Tā zài shēnghuóshang hěn dīdiào，cóng bú xuànfù.
他在生活上很低调，从不炫富。
彼の生活は控えめで、お金を持っていることを誇示したことはない。

Tāmen jǔxíngle yì chǎng dīdiào què yōuyǎ de hūnlǐ.
他们举行了一场低调却优雅的婚礼。
彼らは控えめだが上品な結婚式を挙げた。

Zhè jiàn shìqing zuìhǎo zuò dīdiào chǔlǐ.
这件事情最好做低调处理。
この件はできるだけ荒立てずに処理するのがよい。

2 ▶能　［助動詞］よく～できる（上手さというより量の方がすごいことを強調）

Tā hěn néng chī，shì ge dàwèiwáng.
他很能吃，是个大胃王。彼は本当によく食べる（たくさん食べられる）、大食いだ。

Jiějie kǒucái hǎo，fēicháng néng shuō.
姐姐口才好，非常能说。
姉は話術に長け、口がうまい（たくさんしゃべれる）。

Nǐ tài néng mǎi le，jūrán mǎile zhème duō miànmó.
你太能买了，居然买了这么多面膜。
本当に買いすぎだ。こんなにたくさんの美容マスクを手に入れるなんて。

3 ▶连…都…　～でさえ、～すら

Zhè dào tí lián xiǎoxuéshēng dōu huì zuò，nǐ zěnme bú huì ?
这道题连小学生都会做，你怎么不会?
この問題は小学生でも解けるのに、なんであなたができないの？

Tā zuìde lián jiā dōu zhǎobudào le.
他醉得连家都找不到了。彼は酔っ払って家の場所さえ分からなかった。

Tā zuìjìn míshàngle zhè bù diànshìjù，lián chī fàn de shíhou dōu zài kàn.
她最近迷上了这部电视剧，连吃饭的时候都在看。
彼女は最近このドラマにハマって、食事の時間ですら食べながら見ている。

第6課

一篇读懂！
中日邦交正常化
50周年大小事

これでバッチリ！
日中国交正常化50周年の歩み

6-1

一九七二年的历史瞬间

1972 年の歴史的な瞬間

6-2

中日和平友好条约的签订与邓小平访日

日中平和友好条約の締結と鄧小平の訪日

6-3

中日经贸关系的五十年

日中経済貿易の五十年

6-4

中日文化往来的半个世纪

日中文化交流の半世紀

6-5

受对方国民欢迎的影视动画作品

向こうで受けの良い映画・ドラマ・アニメ作品

6-6

摩擦与互助的五十年

摩擦もあっての助け合いの五十年

6-7

为了中日友好的未来

日中友好の未来のために

音声100

6-1 一九七二年的历史瞬间

1972 年の歴史的な瞬間

まず、聴いてみましょう！

ヒント1

Tiánzhōng Jiǎoróng hé Dàpíng Zhèngfāng shì nǎ nián nǎ yuè fǎngwèn Zhōngguó de ?

田中角荣和大平正芳是哪年哪月访问中国的?

田中角栄元首相と大平正芳元外相は何年何月に中国を訪れましたか？

ヒント2

Fǎngwèn Zhōngguó qījiān, tāmen huìjiànle shéi ?

访问中国期间，他们会见了谁?

中国訪問で、誰と会見しましたか？

ヒント3

Zhōngguó sòng Rìběn de nà duì dàxióngmāo de míngzi shì ?

中国送日本的那对大熊猫的名字是?

中国から送られた２頭のパンダの名前は何ですか？

単　語

进程 jìnchéng　プロセス、過程、あゆみ
受到…欢迎 shòudào … huānyíng　～に歓迎される
见证 jiànzhèng　証人になる、見届ける

音声101

一九七二年的历史瞬间

1972 nián 9 yuè,　Rìběn shǒuxiàng Tiánzhōng Jiǎoróng hé wàixiàng Dàpíng
1972 年 9 月，日本首相田中角荣和外相大平
Zhèngfāng fǎnghuá, huìjiànle Zhōnggòng zhōngyāng zhǔxí Máo Zédōng hé zǒnglǐ Zhōu Ēn-
正芳访华，会见了中共中央主席毛泽东和总理周恩
lái děng rén, liǎng guó fābiǎole《Zhōng-Rì liánhé shēngmíng》, Zhōng-Rì bāngjiāo
来等人，两国发表了《中日联合声明》，中日邦交
zhèngchánghuà de jìnchéng yóucǐ kāishǐ.　Yí ge yuè hòu,　Zhōngguó xiàng Rìběn zèng-
正常化的进程**由此**开始。一个月后，中国向日本赠
sòngle yí duì dàxióngmāo, míngjiào Kāngkāng hé Lánlán,　zhè duì xióngmāo yě chéng-
送了一对大熊猫，名叫康康和兰兰，这对熊猫也成
le Zhōng-Rì yǒuhǎo de shǐzhě, shòudàole Rìběn mínzhòng de rèliè huānyíng,
了中日友好的使者，受到了日本民众的**热烈**欢迎，
tāmen yě jiànzhèngle Zhōng-Rì liǎng guó bāngjiāo guānxi zhèngchánghuà de lìshǐxìng shí-
它们也**见证**了中日两国邦交关系正常化的历史性时
kè.
刻。

1972年の歴史的な瞬間

1972年9月、日本の田中角栄総理と大平正芳外相一行が訪中。中国共産党中央の毛沢東主席と周恩来総理らと会談し、両国は「日中共同声明」を発表しました。日中国交正常化のあゆみはここから始まりました。1カ月後、中国は日本にカンカンとランランという、つがいのパンダを贈りました。日中友好の使者となった2頭のパンダは、日本国民の熱い歓迎を受け、日中両国の国交が正常化する歴史的瞬間を見届けました。

音声102

学習ポイント

1 ▶由此…　ここから、そこから、これをきっかけに～

Zhè bù Zhōngguó diànyǐng fēicháng bàng，wǒ yóucǐ àishàngle Zhōngguó.
这部中国电影非常棒，我由此爱上了中国。
この中国映画があまりにも素晴しくて、私は中国が好きになった。

Wǒmen kěyǐ yóucǐ déchū yí ge jiélùn.
我们可以由此得出一个结论。
ここから1つの結論を導き出せる。

Yǐnjiǔ jiàchē fēicháng wēixiǎn，hěn duō bēijù dōushi yóucǐ dǎozhì de.
饮酒驾车非常危险，很多悲剧都是由此导致的。
飲酒運転は非常に危険で、多くの悲劇が引き起こされた。

2 ▶热烈　［形容詞］（気分・雰囲気などが）熱烈である、熱がこもっている、盛り上がっている

Huìchǎngshang xiǎngqǐle rèliè de zhǎngshēng.
会场上响起了热烈的掌声。
会場から大きな拍手が沸き起こった。

Rèliè huānyíng zǒnglǐ lìlín wǒxiào shìchá！
热烈欢迎总理莅临我校视察！
総理のご来校を、心から歓迎いたします。

Yǎnjiǎng zài rèliè de huānhū shēng zhōng jiéshù.
演讲在热烈的欢呼声中结束。
スピーチは大歓声で締めくくられた。

3 ▶见证　［動詞・名詞］証人になる、見届ける、立会人、証拠

Ràng wǒmen yìqǐ jiànzhèng qíjì de fāshēng！
让我们一起见证奇迹的发生！ 一緒に奇跡を目撃しましょう。

Qǐng nín dāng wǒmen hūnlǐ de jiànzhèngrén.
请您当我们婚礼的见证人。 私たちの結婚式の立会人になってください。

Zhège zuòpǐn jiùshi tā yìshù cáihuá de jiànzhèng.
这个作品就是他艺术才华的见证。 この作品はまさに彼の芸術的才能の証だ。

6-2 中日和平友好条约的签订与邓小平访日
日中平和友好条約の締結と鄧小平の訪日

まず、聴いてみましょう！

ヒント1

Zhōng-Rì liǎng guó shì shénme shíhou dìjié《hépíng yǒuhǎo tiáoyuē》de ?

中日两国是什么时候缔结《和平友好条约》的?

日中両国はいつ平和友好条約を結びましたか？

ヒント2

Dèng Xiǎopíng fǎngwèn Rìběn shí，cānguānle shénme dìfang ?

邓小平访问日本时，参观了什么地方?

鄧小平が日本訪問の際、見学したのはどこですか？

ヒント3

Dèng Xiǎopíng chéngzuò Xīngànxiàn shí shuōle shénme ?

邓小平乘坐新干线时说了什么?

鄧小平は新幹線に乗った時、何と言いましたか？

単語

历史篇章 lìshǐ piānzhāng　歴史の１ページ
开往 kāiwǎng　（電車やバスなどの）～行き
郑重 zhèngzhòng　厳かな、厳粛な
世世代代 shìshìdàidài　子々孫々、代々

音声 104

中日和平友好条约的签订与邓小平访日

1978年8月《1978 nián 8 yuè》，两国《liǎng guó》缔结了《dìjiéle》和平《hépíng》友好《yǒuhǎo》条约《tiáoyuē》，中日《Zhōng-Rì》友好《yǒuhǎo》的《de》历史《lìshǐ》也《yě》进入了《jìnrùle》新《xīn》的《de》历史《lìshǐ》篇章《piānzhāng》。同年《Tóngnián》10月《10 yuè》，邓小平《Dèng Xiǎopíng》副总理《fùzǒnglǐ》访日《fǎng rì》，这《zhè》是《shì》中国《Zhōngguó》国家《guójiā》领导人《lǐngdǎorén》的《de》首次《shǒucì》访日《fǎngrì》。期间《Qījiān》，邓小平《Dèng Xiǎopíng》参观了《cānguānle》日产《Rìchǎn》、松下《Sōngxià》、新日铁《Xīnrìtiě》的《de》工厂《gōngchǎng》，乘坐了《chéngzuòle》从《cóng》东京《Dōngjīng》开往《kāiwǎng》京都《Jīngdū》的《de》新干线《Xīngànxiàn》。他《Tā》说《shuō》：新干线《Xīngànxiàn》很《hěn》快《kuài》，就《jiù》像《xiàng》推着《tuīzhe》我们《wǒmen》跑《pǎo》一样《yíyàng》，我们《wǒmen》现在《xiànzài》很《hěn》需要《xūyào》跑《pǎo》。在《Zài》缔结了《dìjiéle》和平《hépíng》友好《yǒuhǎo》条约《tiáoyuē》后《hòu》，邓小平《Dèng Xiǎopíng》郑重《zhèngzhòng》地《de》说《shuō》：中日《Zhōng-Rì》两国《liǎng guó》通过《tōngguò》政治《zhèngzhì》、经济《jīngjì》、文化《wénhuà》、技术《jìshù》和《hé》其他《qítā》交往《jiāowǎng》，将会《jiāng huì》对《duì》亚太《Yàtài》地区《dìqū》的《de》和平《hépíng》与《yǔ》安全《ānquán》产生《chǎnshēng》积极《jījí》影响《yǐngxiǎng》，友好《yǒuhǎo》关系《guānxi》和《hé》合作《hézuò》是《shì》亿万《yìwàn》中国《Zhōngguó》人民《rénmín》和《hé》日本《Rìběn》人民《rénmín》的《de》共同《gòngtóng》愿望《yuànwàng》，历史《lìshǐ》发展《fāzhǎn》的《de》潮流《cháoliú》，让《ràng》我们《wǒmen》代表《dàibiǎo》两国《liǎng guó》人民《rénmín》将《jiāng》我们《wǒmen》的《de》友谊《yǒuyì》世世代代《shìshìdàidài》继续下去《jìxùxiàqù》。

日中平和友好条約の締結と鄧小平の訪日

1978 年 8 月、両国は日中平和友好条約を締結し、日中友好の歴史も新たな歴史の 1 ページに入りました。同年 10 月、鄧小平副総理が来日し、中国の国家首脳の初来日となりました。鄧小平副総理は日本滞在中、日産、パナソニック、新日鉄の工場を視察し、東京発京都行きの新幹線に乗車して、こう言いました。「新幹線はとても速い。まるで我々を後ろから押しながら走っているかのようだ。我々も走り出さねばならない。」日中平和友好条約を交わすと、鄧小平副総理は厳かに言いました。「日中両国は政治、経済、文化、技術、そしてその他の交流を通じ、アジア太平洋地域の平和と安全に良い影響を与えるだろう。友好関係と協力は何億・何万の中国人と日本人の共通の願いだ。歴史の流れで、我々は両国民の代表として日中平和友好条約の締結の歴史的使命を果たした。日中友好は子々孫々続いていくだろう。」

音声 105

学習ポイント

1 ▶動詞１＋着＋動詞２　（動詞 1）した状態で（動詞 2）する

Zánmen zuòzhe liáo ba.
咱们坐着聊吧。
座って話そう。

Wǒ zǒuzhe qùle yí tàng yóujú.
我走着去了一趟邮局。
郵便局まで歩いて行ってきた。

Tā xiàozhe shuōle yí jù xièxiè.
她笑着说了一句谢谢。彼女は笑って一言ありがとうと言った。

2 ▶对…产生（有）影响　～に影響を及ぼす

Shuìmián zhìliàng duì jiànkāng yǒu yǐngxiǎng.
睡眠质量对健康有影响。睡眠の質は健康に影響を及ぼす。

Shēngmíng huì duì liǎng guó guānxi chǎnshēng zhòngyào yǐngxiǎng.
声明会对两国关系产生重要影响。
この声明は、両国の関係に重要な影響を与えるだろう。

Jiātíng hémù huì duì háizi chǎnshēng jījí de yǐngxiǎng.
家庭和睦会对孩子产生积极的影响。
家族の和やかさは子供にプラスの影響を与える。

3 ▶下去　［補語］～していく、動作を止めずにし続ける

Zhège xiǎngfǎ hěn hǎo，nǐ shuōxiàqu.
这个想法很好，你说下去。
いいアイデアだ、続けて言ってください。

Wǒ dǎsuàn zài zhèli chángjiǔ de zhùxiàqu.
我打算在这里长久地住下去。
私はここにずっと住むつもりです。

Méiyǒu nǐ de bāngzhù，wǒ gēnběn jiānchí bú xiàqù.
没有你的帮助，我根本坚持不下去。
あなたの助けがなければ、とてもやり遂げられなかった。

音声 106

6-3 中日经贸关系的五十年

日中経済貿易の五十年

まず、聴いてみましょう！

ヒント1

Rìběn de zhèngfǔ kāifā yuánzhù yòng zài le Zhōngguó de nǎxiē dìfang ?

日本的政府开发援助用在了中国的哪些地方?

日本の政府開発援助は、中国のどんなところに使われましたか？

ヒント2

Zhōng-Rì liǎng guó de mìyuèqī shì shénme shíhou ?

中日两国的蜜月期是什么时候?

日中両国の蜜月期はいつでしたか？

ヒント3

Rìběn de duì huá tóuzī rècháo fāshēng zài shénme shíhou ?

日本的对华投资热潮发生在什么时候?

日本の対中投資ブームはいつでしたか？

単語

在…下 zài … xià　のもとで

蜜月期 mìyuèqī　蜜月時代、蜜月関係、蜜月期

纷纷 fēnfēn　続々と、次々に

掀起 xiānqǐ　巻き起こす、引き起こす

创新高 chuàng xīn gāo　新しい記録を作る

音声 107

中日经贸关系的五十年

1979年《1979 nián》，日本《Rìběn》政府《zhèngfǔ》开始了《kāishǐle》对《duì》华《huá》政府《zhèngfǔ》开发《kāifā》援助《yuánzhù》（ODA）。北京《Běijīng》地铁《dìtiě》和《hé》首都《Shǒudū》机场《jīchǎng》的《de》一部分《yíbùfen》就是《jiùshì》在《zài》日本《Rìběn》的《de》贷款《dàikuǎn》援助《yuánzhù》下《xià》建成《jiànchéng》的《de》。八十年代《Bā shí niándài》，中国《Zhōngguó》开始《kāishǐ》推进《tuījìn》社会主义《shèhuì zhǔyì》市场《shìchǎng》经济《jīngjì》建设《jiànshè》，中日《Zhōng-Rì》两国《liǎng guó》也《yě》进入了《jìnrùle》“蜜月期《mìyuèqī》”，东芝《Dōngzhī》、日立《Rìlì》、丰田《Fēngtián》、索尼《Suǒní》、松下《Sōngxià》等《děng》日本《Rìběn》企业《qǐyè》纷纷《fēnfēn》进入《jìnrù》中国《Zhōngguó》市场《shìchǎng》。2001年《2001 nián》中国《Zhōngguó》加入《jiārù》世贸组织《Shìmào zǔzhī》（WTO）后《hòu》，日本《Rìběn》企业《qǐyè》更是《gèngshi》进《jìn》一步《yí bù》掀起了《xiānqǐle》对《duì》华《huá》投资《tóuzī》的《de》热潮《rècháo》。中国《Zhōngguó》经济《jīngjì》成长《chéngzhǎng》迅速《xùnsù》，到《dào》2010年《2010 nián》，经济《jīngjì》总量《zǒngliàng》就《jiù》已经《yǐjīng》超越《chāoyuè》日本《Rìběn》，成为《chéngwéi》全球《quánqiú》第二《dì-èr》大《dà》经济体《jīngjì tǐ》；2021年《2021 nián》，中日《Zhōng-Rì》两国《liǎng guó》的《de》年《nián》贸易《màoyì》额《é》已《yǐ》达到《dádào》三千七百亿《sān qiān qībǎi yì》美元《měiyuán》，创《chuàng》历史《lìshǐ》新高《xīn gāo》；越来越多《yuè lái yuè duō》的《de》中国《Zhōngguó》企业《qǐyè》、中国《Zhōngguó》商品《shāngpǐn》开始《kāishǐ》反向《fǎnxiàng》进入《jìnrù》日本《Rìběn》。有《Yǒu》评论《pínglùn》甚至《shènzhì》说《shuō》，中日《Zhōng-Rì》经贸《jīngmào》关系《guānxi》的《de》五十年《wǔ shí nián》是《shì》从《cóng》“中国《Zhōngguó》需要《xūyào》日本《Rìběn》的《de》时代《shídài》”变成了《biànchéngle》“日本《Rìběn》需要《xūyào》中国《Zhōngguó》的《de》时代《shídài》”。

日中経済貿易の五十年

1979 年、日本政府の中国に対する政府開発援助（ODA）が開始されました。北京地下鉄と首都空港の一部は日本の円借款でまかなわれたと言われます。1980 年代、中国は社会主義市場経済を推し進めました。日中両国も「蜜月時代」に入り、東芝、日立、トヨタ、ソニー、パナソニックなどの日本企業が続々と中国市場に進出しました。2001 年に中国が世界貿易機関（WTO）に加盟すると、日本企業の間ではさらなる対中投資ブームが起こりました。中国経済は成長が著しく、2010 年には、GDP で日本を追い越し、世界2位の経済大国となりました。2021 年には、日中間の貿易総額が年間 3,700 億ドルに達し、史上最高を更新しました。そして今度は、多くの中国企業や中国製品が日本に流入しています。日中の経済貿易の 50 年史は、「中国が日本を必要としていた時代」から「日本が中国を必要とする時代」に変化したと言う評論家さえいます。

＊日本が 1979 年 12 月から実施した対中政府開発援助（ODA）は、2022 年 3 月に完全に終了した。期間中は計 3 兆 3,165 億円の円借款を供与し、生活インフラなど 231 のプロジェクトを建設してきた。

音声108

学習ポイント

1 ▶更是　［副詞］なおさら、いっそう、さらに（比較の文脈で使う）

Zhè tiáo lù píngshí jiù hěn měi，yīnghuājì de shíhou jiù gèngshi měibúshèngshōu le.
这条路平时就很美，樱花季的时候就更是美不胜收了。
この道は普段も美しいが、桜の季節はさらにきれいになる。

Tā běnlái jiù yǒudiǎnr pà yuèfù，xiànzài miànduìmiàn zuòzhe，gèngshi shénme dōu bù gǎn shuō le.
他本来就有点儿怕岳父，现在面对面坐着，更是什么都不敢说了。
彼は元々義父を恐れていたが、今は膝を突き合わせているので、なおさら何も話せなくなっている。

Xiǎo Liú lízhí，wǒmen dōu yǒudiǎn shīluò，Xiǎo Zhào gèngshi nánshòude chībuxià fàn.
小刘离职，我们都有点失落，小赵更是难受得吃不下饭。
劉さんが退職して皆落ち込んでいるが、趙さんはことさら辛くて何も喉を通らない。

2 ▶进一步　［副詞］さらに、［形容詞］程度がより高い状態

Wǒ xiǎng jìn yí bù liǎojiě yíxià nǐmen de gōngzuò.
我想进一步了解一下你们的工作。あなたたちの仕事をより詳しく知りたい。

Liǎng guó juédìng jìn yí bù shēnhuà hézuò.
两国决定进一步深化合作。両国は、さらなる協力関係の強化を決めた。

Tāmen tíchūle jìn yí bù de yāoqiú.
他们提出了进一步的要求。彼らはさらに要求をした。

3 ▶甚至　［接続詞］～さえ、～すら

Bié shuō bàodá le，tā shènzhì lián yí jù xièxie dōu méi shuō.
别说报答了，他甚至连一句谢谢都没说。
彼は、お返しどころか、ありがとうの一言さえ口に出さなかった。

Xiǎo Líng yǐjīng hěn gāo le，tā jiějie shènzhì bǐ tā hái gāo.
小玲已经很高了，她姐姐甚至比她还高。
玲ちゃんは背が高い方だが、彼女の妹は彼女よりさらに背が高い。

Tā de zuòpǐn tài wánměi le，wǒmen shènzhì zhǎobudào yìdiǎnr máobìng.
他的作品太完美了，我们甚至找不到一点儿毛病。
彼の作品は本当に完璧で、非の打ちどころが少しもないほどだ。

6-4 中日文化往来的半个世纪

日中文化交流の半世紀

まず、聴いてみましょう！

ヒント1

Zài Zhōng-Rì yǒuhǎo de lìshǐ zhōng, 1984 nián fāshēngle shénme shì ?

在中日友好的历史中，1984 年发生了什么事?

日中友好の歴史上、1984 年に起きた出来事は何ですか？

ヒント2

Rìběn 1984 nián xiàng Zhōngguó pàiqiǎn de fǎnghuátuán de rénshù shì duōshao ?

日本 1984 年向中国派遣的访华团的人数是多少?

1984 年日本が中国に派遣した訪中団は何名ですか？

ヒント3

Fǎnghuátuán de chéngyuán zhōng dōu yǒu shénme yàng de rén ? Tāmen de xìngmíng hé shēnfèn shì ?

访华团的成员中都有什么样的人? 他们的姓名和身份是?

訪中団のメンバーにはどんな方がいますか？　彼らの名前と肩書を教えてください。

単　語

促进 cùjìn　促す、促進する

绝大多数 jué dàduōshù　大多数、大部分、ほとんど

致力于 zhìlì yú　～に尽くす、～に尽力する

竟 jìng　なんと、意外なことに、事もあろうに

音声 110

中日文化往来的半个世纪

Chúle jīngmào wǎnglái yǐwài, Zhōng-Rì liǎng guó zài wénhuà、yìshù hé
除了经贸往来以外，中日两国在文化、艺术和
mínjiān céngmiàn de jiāoliú yě zài búduàn shēnhuà. Zài Hú Yàobāng de yāoqǐng xià,
民间层面的交流也在不断深化。在胡耀邦的邀请下，
1984 nián Rìběn pàichūle sān qiān Rìběn qīngnián fǎnghuátuán, yǐ cùjìn Rì-
1984 年日本派出了三千日本青年访华团，以促进日
běnrén duì Zhōngguó de liǎojiě. Zhè shì Zhōngguó zhèngfǔ dì-yī cì dàguīmó yāo-
本人对中国的了解。这是中国政府第一次大规模邀
qǐng wàiguórén láihuá cānguān. Zhè sān qiān Rìběn yǒurén jué dàduōshù shì Rì-
请外国人来华参观。这三千日本友人绝大多数是日
běn gèháng gèyè de jiéchū qīngnián, qízhōng, yǒu hòulái dānrèn shǒuxiàng de
本各行各业的杰出青年，其中，有后来担任首相的
Yětián Jiāyàn hé Jiān Zhírén, háiyǒu mànhuà jiā Héngshān Guānghuī, yǎnyuán Yǔ-
野田佳彦和菅直人，还有漫画家横山光辉，演员宇
jīn Jǐngjiàn、Zhōngyě Liángzǐ, gēshǒu Qín Yángzǐ děng, niánlíng zuìdà de shòu
津井健、中野良子，歌手芹洋子等，年龄最大的受
yāo zhě shì 87 suì de Quánrìkòng hángkōng gōngsī chuàngshǐrén Gāngqí Jiāpíngtài,
邀者是 87 岁的全日空航空公司创始人冈崎嘉平太，
zhè wèi lǎorén zhìlì yú Zhōng-Rì yǒuhǎo, yìshēng jìng láiguo Zhōngguó 100 cì.
这位老人致力于中日友好，一生竟来过中国 100 次。

日中文化交流の半世紀

経済・貿易面での結び付き以外にも、日中両国は文化、芸術、民間レベルの交流も絶えず深めてきました。1984 年、胡耀邦の招きを受けて、中国に対する理解を深めてもらおうと、日本は 3,000 人の日本青年訪中団を派遣しました。中国政府が大勢の外国人を一度に招くのはこれが初めてでした。3,000 人の日本人のほとんどが、日本の各界の優秀な青年で、その中には、後に総理大臣になる野田佳彦や菅直人、漫画家の横山光輝、俳優の宇津井健、中野良子、歌手の芹洋子などがいました。最年長は全日本空輸株式会社（全日空）創始者で 87 歳の岡崎嘉平太でした。岡崎氏は日中友好に尽力し、生涯でなんと 100 回も中国を訪れたといいます。

＊1984 年 9 月 24 日、3,017 名の日本訪中団団員および 65 名の記者が続々と中国に到着。中国側の手配により 220 の小グループに分かれた一行は、4コースに分かれ、上海、杭州、南京、西安、武漢などを回った後、北京に集結し、国慶節のイベントに参加しました。訪中は 9 月 24 日～10 月 6 日の日程で行われた。

音声 111

学習ポイント

1 ▶不断　［副詞］絶えず、絶え間なく、ひっきりなしに

Tā búduàn chángshì dǎpò zìjǐ de zuìjiā jìlù.
他不断尝试打破自己的最佳记录。
彼は自己ベスト更新に挑戦し続けている。

Rén dōu shì zài búduàn fàn cuò hé búduàn fǎnxǐng zhōng jìnbù de.
人都是在不断犯错和不断反省中进步的。
人は絶え間ない過ちと反省を通して進歩する。

Wǒ yí ge shàngwǔ dōu zài búduàn de gěi yīyuàn dǎ diànhuà.
我一个上午都在不断地给医院打电话。
午前中ずっと病院に電話を掛け続けていた。

2 ▶…以…　～するために～する

Dúshū yǐ míngzhì.
读书以明志。
自分の志を明確にするため勉強するのだ。

Wǒmen juānle yì pī wùzī，yǐ bāngzhù zāiqū rénmín dùguò wēijī.
我们捐了一批物资，以帮助灾区人民度过危机。
被災地の人々が目の前の危機を乗り切れるように、物資を寄付した。

Xuéxiào jǔbàn xuéshēng zuòpǐn zhǎnlǎn，yǐ zhǎnxiàn xuéshengmen de chuàngzàolì.
学校举办学生作品展览，以展现学生们的创造力。
学校は学生の創造性を見せる作品展を開催する。

3 ▶致力于　～に尽力する、一生懸命に取り組む

Gōngsī zhìlì yú kāifā yì kuǎn xīn yóuxì.
公司致力于开发一款新游戏。会社は新しいゲームの開発に力を入れている。

Wǒmen zhìlì yú wèi yònghù tígōng zuìhǎo de fúwù.
我们致力于为用户提供最好的服务。
私たちはユーザーに最高のサービスを提供するよう努めている。

Tā zhìlì yú zhè xiàng yánjiū yǐjīng shí duō nián le.
他致力于这项研究已经十多年了。
彼はこの研究に 10 年以上取り組んできた。

音声 112

6-5 受对方国民欢迎的影视动画作品
向こうで受けの良い映画・ドラマ・アニメ作品

まず、聴いてみましょう！

ヒント 1

80 niándài bèi jièshào dào Zhōngguó de Rìběn diànyǐng、diànshìjù dōu yǒu shénme ?

80 年代被介绍到中国的日本电影、电视剧都有什么?

80 年代に中国で紹介された日本の映画やドラマには何がありますか？

ヒント 2

70 niándài chūshēng de Zhōngguórén jīngcháng kàn de Rìběn dònghuàpiàn shì ?

70 年代出生的中国人经常看的日本动画片是?

70 年代生まれの中国人がよく見ていた日本アニメは何ですか？

ヒント 3

Xiànzài zài Rìběn shòu huānyíng de Zhōngguó diànshìjù、dònghuàpiàn shì ?

现在在日本受欢迎的中国电视剧、动画片是?

最近、日本で人気のある中国ドラマやアニメは何ですか？

単語

眼界大开 yǎnjiè dàkāi　大いに見聞を広げる
津津乐道 jīnjīn lè dào　興味深く話す、褒め称える
怀旧 huáijiù　昔を懐かしむ
如今 rújīn　今、現在
热播 rèbō　絶賛放送中

音声 113

受对方国民欢迎的影视动画作品

Wénhuà jiāoliú yě jiāshēnle mínzhòng duì duìfāng guójiā de hǎogǎn. 80
文化交流也加深了民众对对方国家的好感。80
niándài, Rìběn yǐngshìjù hé dòngmàn bèi dàliàng yǐnjìn Zhōngguó, 《Zhuībǔ》、
年代，日本影视剧和动漫被大量引进中国，《追捕》、
《Wàng xiāng》、《Yuǎnshān de hūhuàn》《Xuè yí》 děng Rìběn yǐngpiàn ràng Zhōngguó-
《望乡》、《远山的呼唤》《血疑》等日本影片让中国
rén yǎnjiè dàkāi、 jīnjīn lè dào, 《Cōngmíng de Yīxiū》、 《Huāxiānzǐ》、
人眼界大开、津津乐道，《聪明的一休》、《花仙子》、
《Qīlóngzhū》 děng dònghuàpiàn yě chéngle 70 hòu de jīngdiǎn huáijiù jìyì.
《七龙珠》等动画片也成了 70 后的经典怀旧记忆。

Ér rújīn, Zhōngguó de yǐngshì zuòpǐn hé dòngmàn zuòpǐn yě zhújiàn zǒu-
而如今，中国的影视作品和动漫作品也逐渐走
jìn Rìběn shìchǎng, 《Rúyìzhuàn》《Dōu tǐng hǎo》《Chénqínglìng》《Shānhélìng》
进日本市场，《如懿传》《都挺好》《陈情令》《山河令》
《Luóxiǎohēi zhànjì》 děng zuòpǐn de rèbō, yě ràng yuè lái yuè duō de Rì-
《罗小黑战记》等作品的热播，也让越来越多的日
běnrén kāishǐ duì Zhōngguó de dāngdài wénhuà chǎnshēng xìngqu.
本人开始对中国的当代文化产生兴趣。

向こうで受けの良い映画・ドラマ・アニメ作品

文化交流は相手国に対する民衆の好感を深めました。80 年代、日本のドラマや映画、アニメが大量に中国に入り、『君よ憤怒の河を渉れ』、『望郷』、『遥かなる山の呼び声』、『赤い疑惑』 などの日本映画やドラマを見た中国人は新しい世界を知り、こぞってそれらについて語り合いました。『一休さん』、『花の子ルンルン』、『ドラゴンボール』 などのアニメも、「70 後」 にとっての代表的な懐かしい記憶となりました。

そして今、中国のドラマや映画作品、アニメ作品も日本市場に徐々に進出しています。『如懿伝～紫禁城に散る宿命の王妃～』『都挺好(全て良し)』『30女の思うこと~上海女子物語~』『陳情令』『山河令』『羅小黒戦記 ぼくが選ぶ未来』 などのヒットで、多くの日本人が中国の現代文化に興味を持ち始めています。

音声 114

学習ポイント

1 ▶加深　［動詞］深める、深まる

Zhè cì shíyàn, jiāshēnle xuéshengmen duì “qīngqì” de rènshi.
这次实验，加深了学生们对“氢气”的认识。
この実験で、生徒たちは「水素」についての理解を深めた。

Zhēngchǎo bǐ chénmò gèng néng jiāshēn wǒmen duì bǐcǐ de lǐjiě.
争吵比沉默更能加深我们对彼此的理解。
沈黙よりも口論の方が互いの理解を深めることができる。

Kànwán zhè bù diànshìjù, wǒ duì Xiāo Zhàn de xǐ'ài zhī qíng yòu jiāshēn le.
看完这部电视剧，我对肖战的喜爱之情又加深了。
このドラマを見た後、シャオ・ジャンがもっと好きになった。

2 ▶眼界大开　［成語］大いに視野や見識を広げる

＊よく使役文の形で使います。“眼界” と“开” を名詞・動詞として分けて使うことも、“ 大开眼界、开眼界 ”とも言う。

Wǒ dì-yī cì qù Zhōngguó, nà zhēnshì yí ge lìng rén yǎnjiè dàkāi de guójiā.
我第一次去中国，那真是一个令人眼界大开的国家。
中国には初めて行ったが、本当に見識を広げさせてくれる国だ。

Tā fēngfù de jīnglì, zhēn ràng rén dàkāi yǎnjiè.
他丰富的经历，真让人大开眼界。
彼の豊富な経験は、大いに目を見張るものがある。

Bìyè hòu, wǒ xiǎng qù Ōuzhōu lǚyóu, kāikāi yǎnjiè.
毕业后，我想去欧洲旅游，开开眼界。卒業後はヨーロッパに行って見識を広げたい。

3 ▶怀旧　［動詞］懐かしい、ノスタルジック、懐かしく思う

Zhè shì yì shǒu huáijiù lǎo gē.
这是一首怀旧老歌。懐かしい曲です。

Wǒmen kàn yǐqián de zhàopiàn、jiùdì chóng yóu, qíshí dōu shi zài huáijiù.
我们看以前的照片、旧地重游，其实都是在怀旧。
昔の写真を見たり、馴染みの場所を訪れたりするのは、昔を懐かしむことだ。

Měige rén dōu yǒu huáijiù de shíhou.
每个人都有怀旧的时候。誰でも昔のことを懐かしく思う時はある。

6-6 摩擦与互助的五十年

摩擦もあっての助け合いの五十年

まず、聴いてみましょう！

ヒント1

Zhōng-Rì liǎng guó zhījiān yǒu nǎxiē mǐngǎn wèntí ?

中日两国之间有哪些敏感问题?

日中間にあるデリケートな問題は何ですか？

ヒント2

2008 nián，Zhōngguó Sìchuān dà dìzhèn de shíhou，Rìběn zuòle shénme ?

2008 年，中国四川大地震的时候，日本做了什么?

2008 年中国四川大震災の際、日本は何をしましたか？

ヒント3

2011 nián，Dōngrìběn dà dìzhèn de shíhou，Zhōngguó zuòle shénme ?

2011 年，东日本大地震的时候，中国做了什么?

2011 年東日本大震災の際、中国は何をしましたか？

単　語

创伤 chuāngshāng　傷、けが、痛手、トラウマ

抵制 dǐzhì　ボイコット、不買運動、バッシング

无时无刻 wúshí-wúkè　いつ何時でも、絶え間なく（“不”と一緒によく使う）

心寒 xīnhán　失望する、がっかりする

积极 jījí　積極的である

雪中送炭 xuězhōng-sòngtàn

雪中に炭を送る、人が困っているときに救いの手を差し伸べる

音声 116

摩擦与互助的五十年

Dāngrán, Zhōng-Rì liǎng guó zhījiān yě cúnzàizhe yìxiē máodùn hé mócā. Zhàn-
当然，中日两国之间也存在着一些矛盾和摩擦。战
zhēng chuāngshāng yǔ dàtúshā jìyì、Diàoyúdǎo zhǔquán wèntí、lìshǐ jiàokēshū wèn-
争创伤与大屠杀记忆、钓鱼岛主权问题、历史教科书问
tí、 Jìngguó shénshè wèntí、 Táiwān wèntí děng dōu shì Zhōng-Rì zhījiān de mǐngǎn wèn-
题、靖国神社问题、台湾问题等都是中日之间的敏感问
tí. Liǎng guó mínzhòng duì duìfāng guójiā de wùjiě hé dǐzhì xíngwéi, yúlùnshang de
题。两国民众对对方国家的误解和抵制行为，舆论上的
chóuhèn yánlùn yě wúshí-wúkè bú zài fāshēng, zhèxiē dōu ràng Zhōng-Rì yǒuhǎo rénshì
仇恨言论也**无时无刻不**在发生，这些都让中日友好人士
gǎndào xīnhán ér yòu wúnài.
感到心寒**而又**无奈。

Búguò, yǒuhǎo de shēngyīn shǐzhōng cúnzài, bùcéng zhōngduàn. Yóuqí shi fā-
不过，友好的声音始终存在，不曾中断。**尤其是**发
shēng tiānzāi shí, liǎng guó gèng shi jījí de wèi duìfāng xuězhōng-sòngtàn. Lìrú 95
生天灾时，两国更是积极地为对方雪中送炭。例如 95
nián Bǎnshén Dànlù dà dìzhèn、96 nián Yúnnán dìzhèn、Ānhuī hóngzāi fāshēng shí,
年阪神淡路大地震、96 年云南地震、安徽洪灾发生时，
Zhōng-Rì jiù céng hùxiāng tígōngle dàliàng jiùyuán wùzī hé jiùyuánjīn. 08 nián Zhōngguó
中日就曾互相提供了大量救援物资和救援金。08 年中国
Sìchuān dà dìzhèn hòu, Rìběn xiānyú qítā guójiā xiàng zhènzāi dìqū pàiqiǎnle jiù-
四川大地震后，日本先于其他国家向震灾地区派遣了救
yuán duì;11 nián, Dōngrìběn dà dìzhèn fāshēng hòu, Zhōngguó yě hěn kuài pàiqiǎnle
援队；11 年，东日本大地震发生后，中国也很快派遣了
jiùyuánduì, Wēn Jiābǎo zǒnglǐ hái qīnzì fǎng rì, wèiwèn Fúdǎo děng shòuzāi dìqū.
救援队，温家宝总理还亲自访日，慰问福岛等受灾地区。

摩擦もあっての助け合いの五十年

もちろん、両国の間には対立や摩擦も存在します。戦争の傷と大虐殺の記憶、尖閣諸島の領有権問題、歴史教科書問題、靖国神社問題、台湾問題などはどれも日中間のセンシティブな問題です。相手国に対する誤解やバッシングなどの行為、世論のヘイトスピーチも絶え間なく発生します。日中友好を願う人は、こうしたこと全てに失望し、やるせなさを感じています。

ですが、友好の声は常に存在しており、一度も途絶えたことはありません。特に自然災害発生時、両国はより積極的に相手に救いの手を差し伸べようとします。例えば 1995 年の阪神淡路大震災、1996 年の雲南省麗江地震、安徽省洪水災害発生時、日中は互いに大量の救援物資と義援金・支援金を送り合いました。2008 年に四川大地震が発生した際、日本はほかの国に先駆けて被災地に救助隊を派遣しました。2011 年に東日本大震災が発生した際は、中国も直ちに救助隊を派遣するとともに、温家宝総理自ら訪日し、福島などの被災地を慰問しました。

音声117

学習ポイント

1 ▶ 无时无刻不…　～しないときはない、常に、ずっと

Wǒ wúshí-wúkè bú pànzhe néng zǎorì huí guó.
我无时无刻不盼着能早日回国。 国に戻る日をずっと待ち望んでいる。

Zhè duàn shíjiān，wǒ wúshí-wúkè bú zài xiǎng nǐ.
这段时间，我无时无刻不在想你。
離れている間、あなたのことをずっと想っていた。

Háizi de shìr，wǒmen wúshí-wúkè bú guà zài xīnshang.
孩子的事儿，我们无时无刻不挂在心上。
子供のことは、常に気にかけている。

2 ▶ 而又　[接続詞]（形容詞・短文などの間に置いて）～でしかも～、～一方でまた

Zhè shì yí ge cánkù ér yòu zhēnshí de gùshi.
这是一个残酷而又真实的故事。 これは残酷だが本当の話だ。

Tā de shuāngshǒu cūcāo ér yòu wēnnuǎn.
他的双手粗糙而又温暖。
彼の両手は荒れてざらざらだが温かい。

Xī'ān shì yí zuò gǔlǎo ér yòu xiàndài de chéngshì.
西安是一座古老而又现代的城市。
西安は古くて現代的な都市だ。

3 ▶ 尤其　[副詞] とりわけ、殊に、なかんずく

Tā píngshí jiù bú ài shuōhuà，zhè liǎngtiān yóuqí chénmò.
他平时就不爱说话，这两天尤其沉默。
彼は普段から口数の少ない人だが、最近は特に無口だ。

Zhè wèi tóngxué wénkē chéngjì hěn hǎo，wàiyǔ chéngjì yóuqí tūchū.
这位同学文科成绩很好，外语成绩尤其突出。
この学生は文系の成績が良く、特に外国語の成績が際立っている。

Dāng fùmǔ，yóuqí shì gěi zhème tiáopí de nánhái dāng fùmǔ，zhēnde hěn bù róngyì.
当父母，尤其是给这么调皮的男孩当父母，真的很不容易。
親であることは容易ではない。こんなやんちゃな男の子の親ならなおさらだ。

音声 118

6-7 为了中日友好的未来

日中友好の未来のために

まず、聴いてみましょう！

ヒント1

Yìqíng fāshēng hòu, Zhōng-Rì liǎng guó shì rúhé hùxiāng bāngzhù de ?

疫情发生后，中日两国是如何互相帮助的？

新型コロナウイルス感染症のパンデミックが始まった際、日本と中国はどう助け合いましたか？

ヒント2

“Jíshíyǔ” zhǐ de shì shénme ?

“及时雨”指的是什么？

「及时雨」とは何を指していますか？

ヒント3

“Huànnàn jiàn zhēnqíng” shì shénme yìsi ?

“患难见真情”是什么意思？

「患难见真情」とはどういう意味ですか？

単　語

暖心 nuǎnxīn　心温まる

及时雨 jíshíyǔ　恵みの雨、慈雨、ありがたい支援

愈演愈烈 yùyǎn-yùliè　ますますひどくなる、激しさを増す

反过来 fǎnguòlái　逆に、反対に、お返しに

患难见真情 huànnàn jiàn zhēnqíng
　艱難に遭って初めて真の友を知る、まさかの時の友こそ真の友

音声 119

为了中日友好的未来

2020 年《2020 nián》，新冠疫情在中国爆发《xīn guān yìqíng zài Zhōngguó bàofā》，日本各界送《Rìběn gèjiè sòng》至中国的医疗物资成了暖心的及时雨《zhì Zhōngguó de yīliáo wùzī chéngle nuǎnxīn de jíshíyǔ》；而疫情在日《ér yìqíng zài Rì-》本愈演愈烈时《běn yùyǎn-yùliè shí》，中国也很快**反过来**向日本输送了大《Zhōngguó yě hěn kuài fǎnguòlái xiàng Rìběn shūsòngle dà-》量防疫物资《liàng fángyì wùzī》。可以说《Kěyǐ shuō》，中国、日本这对邻居《Zhōngguó、Rìběn zhè duì línjū》，确实《quèshí》是患难见真情《shì huànnàn jiàn zhēnqíng》。

回望中日邦交正常化 50 周年、《中日和平友好《Huí wàng Zhōng-Rì bāngjiāo zhèngchánghuà 50 zhōunián、《Zhōng-Rì hépíng yǒuhǎo》条约》缔结 45 周年《tiáoyuē》dìjié 45 zhōunián》，许多点滴都化入一代代中日《xǔduō diǎndī dōu huà rù yídàidài Zhōng-Rì》两国民众的记忆里《liǎng guó mínzhòng de jìyì lǐ》，**构成**了中日友好千年历史中的《gòuchéngle Zhōng-Rì yǒuhǎo qiānnián lìshǐ zhōng de》一个又一个节点《yí ge yòu yí ge jiédiǎn》。而我们现在能做的《Ér wǒmen xiànzài néng zuò de》，就是共同努《jiùshi gòngtóng nǔ-》力《lì》，创造出下一个友好的十年**乃至**百年《chuàngzàochū xià yí ge yǒuhǎo de shí nián nǎizhì bǎinián》。

日中友好の未来のために

2020年に中国で新型コロナウイルスによる感染症が大流行した際は、日本の各界から中国に送られた医療用物資が心暖まる恵みの雨となりました。日本でコロナ禍が厳しさを増してきた時、中国もすぐお返しに日本に大量の医療用物資を届けました。中国と日本という隣人同士は、確かにまさかの時に分かる真の友だと言えるでしょう。

日中国交正常化50周年、「日中平和友好条約」締結45周年を振り返ってみると、数多くの小さなエピソードが日中両国の各世代の人々の記憶に溶け込み、数千年も続く日中友好の歴史の一環を成していることが分かります。私たちが今できるのは、共に努力し、次の友好の10年ないし100年を創っていくことです。

音声 120

学習ポイント

1 ▶反过来　逆に、反対に、お返しに

Wénxué láiyuányú shēnghuó, dàn fǎnguòlái yě huì sùzào rénmen de shēnghuó tàidù.
文学来源于生活，但反过来也会塑造人们的生活态度。
文学は人の生活から生まれるが、同時に人の生き方を形作る。

Nǐ duì yuángōng fùzé, yuángōng yě huì fǎnguòlái duì nǐ fùzé.
你对员工负责，员工也会反过来对你负责。
あなたが社員に対して責任を負えば、責任ある仕事をしてくれる。

Zhīshi kěyǐ bèi yònglái zàofú rénlèi, yě kěyǐ fǎnguòlái bèi yòng lái gǎo pòhuài.
知识可以被用来造福人类，也可以反过来被用来搞破坏。
知識は人類に利益をもたらすことにも使えるが、逆に破壊にも使える。

2 ▶构成　［動詞］～となる、構成する

Zhè běn shū yóu liù piān wénzhāng gòuchéng.
这本书由六篇文章构成。この本は6つの記事で構成されている。

Jìngzhēng duìshǒu duì wǒ bìng bú gòuchéng wēixié.
竞争对手对我并不构成威胁。競合他社は私にとって、特段脅威ではない。

Zhè sān zuò gāocéng jiànzhù gòuchéngle Shànghǎi Wàitān de xīn dìbiāo.
这三座高层建筑构成了上海外滩的新地标。
この 3 棟の高層ビルが上海バンドの新しいランドマークとなった。

3 ▶乃至　［接続詞］ないし、ひいては

Zhè yí shìjiàn hōngdòngle quán Zhōngguó, nǎizhì quán shìjiè.
这一事件轰动了全中国，乃至全世界。
この事件は全中国、ひいては全世界を驚かせた。

Wǒmen gōngsī jīnnián de jīngjì xiàoyì zài quán shěng nǎizhì quánguó tóngháng zhōng dōu yáoyáo lǐngxiān.
我们公司今年的经济效益在全省乃至全国同行中都遥遥领先。
わが社の今年の営業利益は省内だけでなく、中国全土でもダントツです。

Zhè běn shū gǎibiànle wǒ de shěnměiguān、shìjièguān, nǎizhì jiàzhíguān.
这本书改变了我的审美观、世界观，乃至价值观。
この本は私の美学、世界観、さらには価値観まで変えてくれた。

参考文献

月刊
『聴く中国語』
「中国大接近」
一覧

◆本書は、『月刊『聴く中国語』「中国大接近」の掲載内容を基に、本書掲載に際し、加筆修正しております。

2020年

1月号　中国伝統劇の世界──京劇・崑曲特集
中国戏曲的世界──京剧、昆曲特辑

2月号　中国人も頭痛い「親族呼称」
中国年轻人的“亲戚观”和让人头疼的“亲戚称谓”

3月号　現代女性と女性デー in China
中国当代女性与中国的妇女节

4月号　中国語でオリンピックを語ろう
用中文，聊奥运

5月号　中国のSNSで中国語でバズってみよう！
──中国SNSの「網紅」インフルエンサーになるには
如何用中文在中国的社交媒体上走红──中国SNS网红须知

6月号　「局長」って一体どれだけ偉いの？
局长到底是多大的官？

7月号　七夕特集：中国語で愛を伝えるには？
七如何用中文表达爱

8月号　あのお店、中国語では何と言う？
那家店，中文怎么说?

9月号　中国人の変な・面白い・微笑ましい迷信
中国人奇怪、有趣、可爱的小迷信

10月号 中国の不動産売買 AtoZ
关于中国人买卖房产的一切

11月号 手始めに「パンダのもり」から語ろう
从熊猫森林说起

12月号 イチオシ！中国の高評価アニメ
中国高分动画电影大推介

『聴く中国語』2021年2月

『聴く中国語』2021年6月号

2021年

1月号　日本語由来の中国語の流行語
来自日文的中文流行语

第1課

2月号　ステレオタイプに見る面白い中国人
刻板印象中有趣的中国人

3月号　中国の「離婚冷静期」とは？
中国的离婚冷静期是什么

4月号　「ベルサイユ文学」ってどんな文学？
凡尔赛文学到底是什么文学

5月号　現代女性の生き方を描いた
イチオシ！テレビドラマ
当代女性题材电视剧大推介

第2課

6月号　年代別 中国人に人気の名前は？
不同年代的中国人最爱用
哪些名字?

『聴く中国語』2022年1月号

7月号 日中企業文化の異同点を語る
也聊中日企业文化的异同

8月号 イマドキの中国式サービス大解剖
当今社会的中国式服务到底什么样?

9月号 中国人の子供時代の遊び
中国人的童年游戏

10月号『山河令』なぜ面白い?
《山河令》为什么好看?

11月号 一風変わった中国のおもしろ商品大公開
有趣、特别的中国商品大推介

12月号 日本で中国のスマホゲームが人気になったわけとは
中国手游为什么在日本这么受欢迎?

『聴く中国語』2022年5月号

『聴く中国語』2022年6月

2022年

第5課

1月号　中国各地の様々な「辣」
中国各地不同风情的“辣”

2月号　中国の愛の名所巡礼
巡礼中国的爱情名胜

3月号　中国の独身女性が続々と
　　不動産購入に踏み切るワケ
为什么越来越多的中国单身女性买房?

4月号　中国の大学生の生活、日本とどう違う？
中国大学生的生活究竟和日本有何不同?

第4課

5月号　コロナ禍の「ネコノミクス」と中国「90後」の
　　猫の「しもべ」生活
疫情期间的“猫经济”和中国90后的猫奴生活

第3課

6月号　あなたの知らない中国民家
你所不知道的中国民居

7月号　都市青年のお見合い事情
都市青年们的相亲故事

8月号　「一人っ子政策」から「三人っ子政策」へ：
　　中国の計画生育政策の大転換
从“独生子女”到“三孩”：中国计划生育政策变化大

第6課

9月号　これでバッチリ！日中国交正常化50年の歩み
一篇读懂！中日邦交正常化50周年大小事

10月号 周杰倫と一緒に出会う「偉大な作品」
和周杰伦一起遇见“伟大的作品”

11 月号「漢服」大解剖！中国の若者はなぜ漢服が好き？
“汉服”大科普！中国年轻人缘何爱汉服?

12 月号「創造営」から「乗風破浪的姐姐」まで　中国オーディション番組の魅力とは?
从创造营到乘风破浪的姐姐，中国选秀综艺的魅力在哪里?

2023年

1月号　列車で中国を旅しよう！
中国鉄道大接近！
坐上火车，走遍中国！中国铁路大接近！

2月号　編集部オススメ！中国語学習に最適な現代中国ドラマ５選
编辑部推荐：适合用来学习中文的当代电视剧

3月号　すごい！中国現代建築
中国有哪些令人惊叹的当代建筑杰作?

4月号　そうだ 西安、行こう！
走！我们一起去西安!

5月号　『三体』衝撃的かつ深く考えさせられるSF小説の傑作
《三体》：令人震撼与深思的科幻杰作

『聴く中国語』
2022 年 9 月号

■著者プロフィール
謝 辰（シャ シン）
語学誌月刊『聴く中国語』発行人・編集長。立教大学教育講師。出版のほか、中国語講座、翻訳、コンテンツ制作、イベントも手がける愛言社代表。著書に『中国語が 3 週間で身につく音読』（共著、明日香出版社）、『すらすらさくさく中国語中級ドリル』（共著、東方書店）がある。長春出身。北京師範大学で日本史を学び、東京大学総合文化研究科博士課程で国際関係論を研究。趣味は多肉植物と中国の小説。

■ナレーション　胡興智、謝辰
■翻訳協力　江端真澄

●音声ダウンロード・ストリーミング
1. PC・スマートフォンで本書の音声ページにアクセスします。
https://www.sanshusha.co.jp/np/onsei/isbn/9784384060782/
2. シリアルコード「06078」を入力。
3. 音声ダウンロード・ストリーミングをご利用いただけます。

聴《き》く中国《ちゅうごく》語《ご》 中国大接近《ちゅうごくだいせっきん》
理解を深めるリスニング

2023 年6 月30 日　第1 刷発行

著　　者　謝 辰
発 行 者　前田俊秀
発 行 所　株式会社 三修社
〒150-0001　東京都渋谷区神宮前2-2-22
TEL 03-3405-4511 FAX 03-3405-4522
https://www.sanshusha.co.jp
振替00190-9-72758
編集担当　安田美佳子
印刷・製本　日経印刷株式会社

ISBN978-4-384-06078-2 C2087

デザイン：NONdesign 小島トシノブ
組　　版：スペース・ワイ